我在芬蘭中小學
做研究的日子

我在芬蘭中小學做研究的日子

芬蘭中小學教育現場課室親身觀摩365日

陳玟樺——著

推薦文

素養學習就是「立體X生活」學習

——吳思華

芬蘭這幾年來的國民教育，由於在PISA的測驗中表現傑出，頓時成為世界各國取經的對象。大家對芬蘭教育的授課時間短、教學不重學生成績評量，以及強調以現象為本的跨領域學習模式，都充滿好奇。

二〇一八年初，我爭取到一個機會，和友人共同前往芬蘭，參訪學習他們的國民教育。行前為了對芬蘭教育有更多了解，透過朋友介紹，知道有一位將去芬蘭進行移地研究的師大教育博士候選人陳玟樺。陰錯陽差，我們在臺灣與芬蘭都沒有碰到面，但是我加入她的臉書。從那時起就開始，隨著她的貼文一起神遊長達一年的芬蘭教育實地研究旅程，親眼見證一位認真用功的年輕朋友，如何一步一腳印的完成她的博士論文。

玟樺每天都很認真的寫她的臉書，她總是完整的記錄當天的所見所聞，主題包括教室觀課、教師互動和學術研討等不同面向。由於她是長期駐點，更能掌握教育的脈絡與意義，詮釋更為精準，很多地方比自己的親身訪問更為有感，常常覺得學習很多。

這次為了寫這篇小文章，我重新瀏覽玟樺的臉書。玟樺在臉書上總共貼了近八十篇的研究紀實，深刻記錄觀察學校的教學活動，芬蘭教育學術社群的交流，整個芬蘭國度的教育氛圍，以及個人生活上的點點滴滴。細讀玟樺所做的紀錄，可以清楚理解，芬蘭的教育並不神奇，他們只是認真的實踐「在生活中學習，在學習中生活」的真實意義，無論是學生、教師，或學術工作者，都以終身學習的態度，持續努力的解決周邊的生活課題。

芬蘭地處北國，冬天季節長、天氣嚴寒，如何讓下一代勇敢的因應自然環境的挑戰、更健康的活著，是國民教育無可逃避的任務。因此，在玟樺的記錄中可以看到，即使是下著大雪的寒冷冬天，也要在戶外上兩小時以上的體育課，就成為理所當然的事了。由於自然環境的嚴苛，人民必須學習以更包容的態度相處，以合作因應環境的挑戰。同樣的，教育重自我成長、不重排名，對於持續出現的新生事務，以多元觀點進行思辯、相互理解尊重，也成為社會的基本共識了。

《我在芬蘭中小學做研究的日子》這本書改寫自作者的博士論文，由於有理論框架的引導，內容深刻而有系統，閱讀後可以更精確的掌握芬蘭教育的實況與脈絡。作者在這本書中除了介紹芬蘭自二〇一六年開始實施的新課綱外，並且記錄了在學校現場觀察到的每一門正式與非正式課程的教學理念、活動設計，以及課堂中師生互動的情景。透過這些詮釋報導，我們可以體會「學習」如何自然的和「生活」結合，讓知識擁有真實的生命；更可以深刻的感受到芬蘭教師願意以開放態度和同學共同探索周遭現象的自由心靈，作者將這個現象稱為「立體學習」（Pop-Ups Learning）。「生活學習」與「立體學習」應該也是我們推動一〇八課綱「素養學習」時重要的核心價值，前者強調學習的課題，後者彰顯教學的態度。因此，這些在芬蘭教育現場真實發生中的經驗，非常值得我們學習，書中紀錄的每一個場景，對在臺灣教育現場的老師們都是很好的借鏡。

玫樺在過去兩年，從本土關懷的議題出發，透過芬蘭蹲點，完成一篇極具參考價值的博士論文；期間還發表了三篇學術論文，回台後更積極分享移地學習心得，讓大家對芬蘭的教育有正確的認識，在學術社群產生很大的影響力。她在芬蘭期間，和當地的教育社群建立直接的連結，也成為兩國教育社群擴大交流最好的觸媒，促成許多直接對話的機會，讓許多具有不同特色的臺灣教育創新案例被世界看見。

玫樺的這些表現都彰顯國內一流大學培育本土社會科學博士的意義和價值，足以做為有志於學術研究的青年學子的表率。期盼當年「新世紀高教藍圖」中勾勒的本土博士培育計畫，能夠得到更多的肯認與支持，透過在地與國際的連結，養成更多的年輕學者，讓「在地關懷、國際連結」的學術研究精神得以彰揚！

（此推薦文作者為前教育部長、國立政治大學科智所教授）

推薦文

顯微鏡下的芬蘭教育

——秦夢群

芬蘭教育受到台灣各界重視，約始於二〇一一年。當時公布PISA成績，芬蘭表現皆為世界第一，因此受到國內教育界之矚目。之後，北向取經者絡繹於途，一時成為顯學。評論意見褒貶皆有。讚揚者認為芬蘭教師以學生為本，教學精緻且能客製化；批評者卻主張囿於統一入學考試（如國中教育會考）之實施，芬蘭式之教學多元化實難以實踐。

在世界各國中，芬蘭面積為338424平方公里，約為臺灣36197平方公里之9.35倍，但人口二〇一九年則僅有550多萬人口（台灣約為其4.3倍）。芬蘭地處世界邊緣之北極圈，天寒地凍且天然資源不豐，卻能異軍突起屢創佳績。以二〇一八PISA結果分析，芬蘭的閱讀能力在受試國家中排名第七，數學能力排名十六，科學排名第七（台灣閱讀排名全球十七名、數學第五、科學十）。雖未能如往年之獨占鰲頭，但在歐美國家中仍是名列前茅。

較之於歐美國家，芬蘭教育體制有其獨特之處，其中之一即是學生上課時數較所有OECD成員國為短，暑假長達十至十一週。英國五歲入學，芬蘭學童七歲才開始正式教育。基礎教育定為十年（7-16歲），畢業後可以選擇一般高中或職業學校。制度表面上與台灣相似，不同的是芬蘭舉國對於技職體系的尊重，強調學生學習歷程可以隨時彈性調整，並與職場工作接軌。在基礎教育階段，教師幫助學生依照個別學習狀況進行職涯規劃，而非拘泥於「唯有讀書高」的迷思。

基本上，芬蘭教育最令人驚艷之處即在對於學童個別差異的尊重。堅持「小國如我，不能容許社會上出現學習落差與失衡」的長期教育政策，芬蘭教育當局透過七大橫向素養（transversal competence）與差異化教學（differentiated instruction）的寧靜改革。透過現象本位教學，進而建構學生問題解決力與跨領域學習力。教師被要求成為新時代智慧師資，必須盡其全力為學生量身訂做民主與尊重的教學情境。因為要處理需求不一的學習者，所以必須自我創建，在「一生一課表」的訴求下，設計出客製化教育情境。學生不止是受教者，也是主動的學習個體，必須被充分尊重。影響所及，芬蘭孩子在新的教育體制下充分受教，個別差異不再成為放棄學生的正當理由。

以上特色在本書各章描述中即可一目了然。本書作者為博士候選人，親身到芬蘭體驗課堂教學一年，並且寫下觀摩教學的觀察。此種努力一掃過往研究者走馬看花的不足，能夠詳盡且深入發覺芬蘭教育的特質。原則上，借鏡國外成功經驗本是美事，但其是否適合本土文化與社會特性，仍需透過研究的細微深入觀察，方能瞭解政策背後精神並加以消化採用。本書作者親身走訪芬蘭教育現場，以顯微鏡的視角，一探芬蘭教育之脈絡與精神，成果可謂豐碩。

在觀察過程中，作者深深感受芬蘭教育注重學習過程勝於結果的特色。例如，在以探究取向為主的歷史課堂中，教師透過推薦文本選讀之設計，誘導學生以思辨為核心，進而獨立思考歷史之脈絡。課堂中要求各小組學生自行詮釋特定歷史文本，進而瞭解歷史詮釋形式之主觀性與多元性。教學過程亦融入宗教、哲學、與健康教育，透過多領域知識的架構，以更能讓學生感受歷史科目的立體感，養成其自主批判的能力。

更有趣的是，在藝術課堂中，教師經由拍攝「微電影」之課程設計，將視覺美術與聽覺音樂兩大學門加以整合，形成相關學群之跨領域學習。學生透過微電影製作歷程，從中瞭解藝術文化之多元性，進一步培養其專案規劃能力與樂曲創作能力。藝術課不再紙上談兵，而是配合學生興趣，引導學生利用感官體驗的自我學習歷程。想想看，若能依循自我興趣，結合多元藝術而拍攝一部微電影，即使過程辛苦多舛，但其

中之學習又是如何獨特而珍貴。

由以上兩個課程中，也可以看到芬蘭教育非常重視團隊合作。其認為在未來社會結構之變遷下，想要讓工作價值發揮最大效能，跨領域能力之結合乃是成功的關鍵。因此，學校從孩子幼年時就開始強調教育團隊合作。其中包括如何與他人相處、如何發揮團隊力量、如何信任彼此、與如何領導團隊等。芬蘭將樂趣與學習合而為一的課程設計值得肯定，但其勵行小組合作學習，更為彰顯師生「學習共同體」的實踐。

激發學生面對學習、敢於學習、與樂於學習乃是處理學生差異的不二法門。世界已成地球村，如果抱殘守缺，一味堅持舊時代工廠生產線之思維，產出的僅是「標準規格」的學生，而無法應付詭譎多變之世局。芬蘭多元化課堂教學無疑會使教師負擔加重，利弊取捨之間，則需要國內教育界加以深思。

本書亦包括「情境化教學」的語文課、「科技應用整合」的數學課、「一班一樂團」的音樂課等教學描述。即使不能全盤移植，國內各科教師也多少能從中學習芬蘭教育正式課程的設計思維，與非正式課程的建構模式。樂以推薦。如果你是對當前制式教育深感疲憊的教師，閱讀此書或能注入一池活水。

（政治大學教育系特聘教授）

推薦文

向臺芬師生學習

——張明文

二〇一八年十一月，第一次收到玟樺從芬蘭寄來的信，那時，我剛上任新北教育局長不久，並不認識她，但對於一位教育現場老師願意主動走出去做裨益於本土視野的研究、願意主動與市府敞開心胸談教育藍圖，我很高興也很振奮，因為這是新時代下我們期待教師能有的新角色之一。

二〇一九年初，玟樺從芬蘭研究回國後，我便邀請她到局裡來與市府人員面對面談談她的觀察與研究。由於對象都是教育行政人員，她務實地問該以什麼主題較好，我說她不妨自行發揮。當天，她在局的會議廳面對一百多位行政人員，卻一點也不緊張，還特別以「芬蘭二〇一六新課綱——專訪赫爾辛基市教育部門記實分享」為題，分享了她在赫爾辛基訪問地方教育單位幾位主管的內容與省思。

她提到，在芬蘭做課室觀察時，她也充分感受到地方教育單位給予學校師生的支

持，故在芬蘭師生放暑假和寒假時，她透過自行聯繫、滾雪球方式，又走訪當地地方政府行政人員，請益市政府如何與學校產生強連結、學校老師又為何以身為市府員工一員為榮等問題。面對局裡同仁的熱烈提問，玟樺也一一耐心回覆，如實回饋當地見聞，短短一小時卻讓大家很有收穫。我想，她關心課室生活，也注意學校與外部的連結，這與市府的理念是一致的，也讓我們市府其他單位同仁後續籌劃與安排的許多會議和活動時，都持續與她保持聯繫，也看得出來，她是一位能動性很強、也具高度行動力的教師研究者。

終於，欣見玟樺在去年（二〇一九）取得博士學位後，接著改寫博論完成這本《我在芬蘭中小學做研究的日子》。她出書分享在芬蘭蹲點一年，看待芬蘭教育的新觀點和新視野，讀過這本書便能知道，她絕不是再一次地「讚頌」了芬蘭教育，而是從一位本土基層教師、經過一流學府培育出來的專業學術研究訓練後學者的眼光，來引導大家正確認識芬蘭教育現場的真實情況。

尤其，本書第二篇正式和非正式課程的貼近課室觀察及真實描述，也讓我們看到芬蘭和臺灣在這一波教育改革上，有些教學法和課綱內容其實相當接近，足見關懷教育、務實作為是不分國界的，教育不應該只是一種神話，而是實實在在、一步步實作而來。

此外，在正式課程和非正式課程之後，玟樺各寫有幾頁篇幅的「觀察外一章」，這些省思內容我覺得亦是本書亮點之一，無論是地方行政人員、學術單位、現場與未來教師、一般家長等，都可從中獲得一些思考或啟發。

如同市府和學校都舉辦許多跨國的教育交流或師生相互參訪，這些都在鼓勵本土師生拓展視野、向世界走去，也邀請世界走進臺灣，而不在於複製／貼上。誠如玟樺在書中分享許多她所蒐集的第一手資料，做為一名教師、研究者，甚至行動者，我都樂見與肯定她的認真與用心，市府也以有此教師為榮。因此，我特別為本書做出強力推薦。

（新北市教育局局長）

推薦文

立體學習的實踐者

——劉美慧

陳玟樺博士是我的指導學生，在指導的過程中，她帶給我一連串的驚喜……

第一個驚喜：「老師，我的期刊論文得獎了！」

玟樺擔任國中數學教師十多年，她有豐富的教學經驗，但為了探索經驗背後的理論知識，她以留職停薪方式到臺師大課程與教學研究所專心攻讀博士學位。玟樺具有學術探究的熱情及潛力，而且學習態度積極認真。她在課堂上總能將理論與實務連結，時常提出批判性的觀點或建設性的意見。她很清楚自己的研究方向，為了自我充實，多方尋求學習機會，而且發表多篇期刊論文，其中一篇刊登在《教育研究集刊》的論文主題為〈師生共構文化回應數學教學之個案研究〉，這是她教學行動研究的成果，她將批判識讀運用到數學教學，探討教學的公平性議題。本論文獲得教育研究集刊二〇一八年的年度最佳論文獎，在博士生階段能在國內教育領域頂尖的學術期刊獲此殊榮，實屬不易。

第二個驚喜「老師，我要去芬蘭做研究！」

有一天，玟樺跟我說她想申請科技部補助博士生赴國外研究計畫，到芬蘭探究新課綱推動的現象為本學習，我很肯定她移地研究的挑戰精神，並協助她申請計畫。計畫通過後，她說要先試著自己尋找芬蘭的指導教授與研究場域，必要時再請我協助，我一直到閱讀本書書稿，才知道她收到八封拒絕信後才等到赫爾辛基大學Jari Lavonen教授同意指導。

Dr. Lavonen幫玟樺引介了一所公立學校，這所學校願意讓玟樺蹲點研究一年，這在芬蘭是非常難得的機會，玟樺把握這個得來不易機會，全時間投入研究，除了正式課程觀察，她也參與各類非正式課程與教師社群會議，與場域內的師生建立了良好的關係，很快地從局外人的角色轉化為局內人，進行自然情境的參與觀察。這段期間，我很享受與她討論芬蘭的研究成果，也很喜歡閱讀她在FB分享的研究筆記。前者是硬性的學術分析，像是研究的前台；後者是軟性的情感抒發，像是研究的後台。玟樺閱讀一手資料，探究芬蘭新課綱的理念與赫爾辛基的因應政策，再置身於研究場域，將

焦點放在赫爾辛基一間課室中師生如何共構跨領域主題式和現象為本的學習歷程，從廣度與深度的視角探析芬蘭課程改革的理想與現實，最後完成「立體學習地景──芬蘭赫爾辛基一間學校的現象為本學習」博士論文。

第三個驚喜「老師，我要出書了！」

玟樺的論文除了對田野的課程發展與學生學習有厚實的描述，也能與跨領域課程發展理論相互搭架對話，更重要的是提出研究者的批判觀點，論文有相當精采的論述，是近幾年國內探討芬蘭教育的重要論文。我鼓勵她盡快將博士論文改寫為期刊論文，與更多同好分享。

就在等待期刊論文審查結果的過程中，玟樺告訴我「老師，我要出書了！」我還特別提醒她期刊論文與專書內容不能雷同，她說這是不同的著作，我才知道她將觀察筆記整理成本書《我在芬蘭中小學做研究的日子》，本書包含她在芬蘭研究場域正式課程與非正式課程的觀察，透過玟樺跨文化的敏銳度，選擇台灣教育工作者感興趣的現象，再運用紮實的學術訓練，貫串課程與教學的重要議題。本書的性質介於研究的前台與後台之間，它跳脫學位論文的硬知識，也超越田野札記的軟情感。

閱讀本書我們好像跟著玟樺到了芬蘭的課堂，有身歷其境之感，又能從中反思國內十二年國民基本教育課綱的素養導向教學，非常值得細細品味。

玟樺在兩年內，充分運用科技部提供的研究機會，完成了一本博士論文與這本專書，書寫速度之快，我都望塵莫及。這就是玟樺的個性，她總是設定許多目標，勇於面對挑戰，再規劃具體策略，並低調的實踐。我覺得她就像自己筆下的芬蘭學生一樣，是一位立體學習（Pop-up learning）的實踐者。我會繼續期待玟樺的表現，就像打開立體書那一刻，享受書中跳出來的驚喜。

（國立臺灣師範大學教育學系教授兼系主任、課程與教學研究所所長）

推薦語

林思伶（輔仁大學教育領導與發展研究所教授、高雄市政府文化局局長）

我在芬蘭與玟樺一起觀察過幾場教室現場，雖然短暫，但眼見為憑；因此可以見證玟樺書上所介紹的事件與分析視角的事實。這本書對於「以現象為本的學習」或芬蘭的教育實況有較為真切的描寫，我願意用「師生共為主體的學習」來註解玟樺的觀察與論述。這本書有細膩的描述，也有獨特又嚴肅的分析視角，推薦給有志於「教育創新」和想了解「芬蘭教育」的教育工作者。

林佩璇（國立臺北教育大學課程與教學傳播科技研究所教授）

這本書很不一樣。玟樺以柔性論述融合研究、教學及政策變革的意圖。令人激賞的是書中表述的教學樣貌，提供未身歷其境的讀者，活現的替代經驗。從教育鑑賞的角度，整書很能引人見其未見、察其未覺、感其未知。

林玫伶（臺北市國語實小校長、兒童文學作家）

有別於蜻蜓點水式的參訪報告，作者駐點深蹲課堂的觀察，讓我們得以窺見芬蘭公立學校教與學的「日常」，而這日常是如此叫人神往。在台灣新課綱實施的同時，透過作者專業的觀摩、評析與省思，你我都可以從中汲取經驗轉化為行動。

周淑卿（國立臺北教育大學課程與教學傳播科技研究所教授）

從課堂到課外，從正式到非正式課程，本書深刻描寫芬蘭中小學的教育景致。對芬蘭教育好奇者，得以從中了解，此舉世稱揚的教育大國如何在學校日常生活與課程裡，以樸實無華且回歸本真的方式，朝向適性揚才的理想。

邢小萍（台北市永安國小校長）

「Empowerment 賦權增能」這個名詞是近幾年教育圈當紅的語詞，實際要如何進行？《我在芬蘭中小學做研究的日子》作者陳玟樺用一整年的時間，駐守在赫爾辛基，將她對芬蘭教育現場的觀察、體驗、感受，寫成「立體的學習地景」讓讀者明白「未來教育是以師生為核心的共構課程，而且無懼於師

生的彰權益能！」我看了很感動，也推薦給關心教育的你！

黃政傑（靜宜大學教育研究所終身榮譽教授）

芬蘭新課綱提倡七大橫向能力和現象本位教育，以生活貫串學科教學，引導學生進行跨域學習。作者蹲點芬蘭教育現場，深度觀察各學科及活動之跨域教學，取得具體可行的教改經驗，值得國內推動跨域教學及素養教育參考。

鄭同僚（國立政治大學臺灣實驗教育推動中心負責人）

瞭解異國，除了可以學習他人之外，更重要的是能以人為鏡，照見自己的長短。玟樺老師在芬蘭現場田調時，我就一直追蹤她的臉書筆記，受益良多。現在出書，就如親領讀者一起進入芬蘭教育現場，細細看此書，也清楚照見了我們自己。

鄭勝耀（國立中正大學教育學研究所教授兼任所長）

迥異於過去許多關於芬蘭教育的「淺層」理解與「美好」想像，玟樺帶著我們一起在芬蘭赫爾辛基Long Stay 365天，從日常生活與學校教育的互動中，「深刻地」省思芬蘭教育與臺灣教育的「異」與「同」，並分享了師生相互學習的難得美景！

陳佩英（國立臺灣師範大學教育學系教授）

玟樺老師的新書記錄了芬蘭學校的日常，是一本少見的學生學習的近身觀察紀錄。玟樺有其特別的觀察角度，一方面如同小孩一般進入世界，帶著探索的好奇，傾訴芬蘭學生的生活點滴；另一方面以研究者的敏銳，取鏡教與學的課堂風景，深度顯影芬蘭教育的平實創新。

Dr. Jari Lavonen:
"by the Wen-Hua's long-term observation in the Finnish classroom, the advantages of Finnish education can be understood and learned."

「透過玟樺在芬蘭課室的長期蹲點觀察，
我們可以了解和學習到芬蘭教育的優點。」

Director of National Teacher Education Forum and member of the steering committee of the Finnish Education Evaluation Centre/ Professor of Science Education at the University of Helsinki.

國家師資培育論壇主任和芬蘭教育評鑑中心
指導委員會委員 /
赫爾辛基大學科學教育教授

第二篇 芬蘭教學現場觀察

我在芬蘭中小學做研究的日子

自序

從吳祥輝先生《芬蘭驚艷》到陳之華女士《沒有資優班：珍視每個孩子的芬蘭教育》，我都讀過。然而，我都只是讀過，沒有行動過。

然後，一天一天，芬蘭教育的傳奇或說神話仍一直在世界流轉著，也未曾停過。

當教授問「為何又是芬蘭教育？」時，我的回應是：「總要有人先將這個傳奇或神話暫停下來、一起好好思考，然後相互詰問『對啊，為何又是芬蘭教育？』」

「若今天不試著面對與處理這個議題，那麼，我們還是會被隨之而來的他國一類教育學習淹沒……」我好像又感受到了自己的教育社會學之眼轉啊轉的……

於是，接下來就如同第一篇「為何去／來芬蘭？」作為這個故事的起頭……

二〇一八年，我天天蹲點於芬蘭一間公立中小學進行研究，我與師生一起上下

課、參與他們的節慶、觀察他們如何教學等，從早到晚，從第一天到最後一天。

或許我從沒有離開過工作崗位，是以，當我看到我所熟悉的課室生活以另一種我可能也做得到的方式呈現時，我因同理而非常投入，也不斷鼓勵並反省自己過去的教學。

二〇一九年初，我暫時離開芬蘭、回到臺灣，完成了我的博士論文「立體學習地景——芬蘭赫爾辛基一間學校的現象為本學習」研究。我想，我可能暫且找到了想要的答案：

「我們要的恐怕不是芬蘭教育，而是立體學習！」

「未來教育是以師生為核心的共構課程，而且無懼於師生的彰權益能！」

然後，我也更加確認是——所有的行動都應該朝向「做重要且有價值的事」！

這本書一共為分為三篇：第一篇「為何去／來芬蘭？」提到自己到芬蘭研究的動機，同時簡介芬蘭新課綱；第二篇「芬蘭教學現場觀察」分享我在芬蘭中小學蹲點三六五天時所蒐集的第一手資料、十九堂正式／非正式／其他課程的觀察與紀錄；第三篇「芬蘭課室與臺灣一〇八課綱的遭逢」則簡析兩方課綱之間的可能火花。

然而，因篇幅和能力關係，第二篇未收錄我在個案學校全部學科課室觀察，也刪除了原訂第四篇要與讀者分享的我與娜娜醬在芬蘭的社區生活（芬蘭犬文化），這一點，還請讀者知悉諒解。當然，其他篇章，一定疏漏不周，也請各位包容與指正。

於此，我特別感謝碩博以來三位指導教授：碩士班指導教授潘慧玲院長、博士班指導教授劉美慧主任及赫爾辛基大學Jari Lavonen教授，感謝老師們信任我可以做到；感謝所有良師益友的鼓勵與教誨；感謝遠流出版社和陳總編輯莉苓的支持與鼓勵；感謝科技部「千里馬計畫」和科技部「獎勵人文與社會科學領域博士候選人撰寫博士論文」對此論文的補助。有大家鼓勵，我已是非常幸運。

二〇一九歲末，意外地收到指導教授的恭賀——博論獲得二〇一八年田培林教授和賈馥茗教授的兩個優良獎項！這是教育領域學位論文獎最高殊榮之一，無疑地，對一再練習「如何做改善生活的研究」與「學習做跨文化研究」的我來說是莫大鼓勵，

感謝大家肯定與厚愛，我會更努力。

最後，感謝親愛的娜娜醬陪伴我在芬蘭度過每一天做研究的日子，回想起我倆剛抵達赫爾辛基時對雪地行走的困頓，到後來能在嚴寒氣候下玩雪、安全行走，我突然也很好奇我倆在芬蘭這一年「長出」了什麼能力。還有，謝謝我的先生吳俊龍始終以愛為名、守護我倆。

第一篇

為何去／來芬蘭？

1 為何去／來芬蘭？

芬蘭廢除學科教學？直接到芬蘭課室觀察！

二〇一七年冬天，當科技部千里馬計畫[1]榜單張貼出來時，很多人見我都問：「為何去芬蘭？」。

對於國人（或全世界）來說，對芬蘭似乎已有一種共同的視野——以教育聞名、PISA成績名列前茅、教師地位崇高……

二〇一四年夏天，我在國中教書剛好滿十年。這些日子以來，有關芬蘭教育文獻、新聞報導也都與大家一樣閱聽過無數次。從一開始好奇，到後來反覆聽聞、以為內容逐漸百無新意，最後也就漸漸無感。

其實，那些新聞偶爾也會帶來沮喪。

如同自己做為一名本土教師，即使自認與大多數教師一直都在課室盡心盡力，卻也不甚清楚究竟還要多麼努力才能讓更教育更好？

「如果有機會去一個國家做研究，你想去哪裡？」

「我能去芬蘭中小學教室看看嗎？」

「為何去芬蘭？」

「誰都說他們教育很不錯？但我從沒聽過他們的課室裡頭發生什麼……我和學生一直都在課室裡，課室裡的事會讓我們更感興趣……」

「他們最近廢除學科教學了……」

「那是假新聞！」

「你怎知道？」

「……我能去芬蘭中小學教室看看究竟是如何上課嗎？」

譯注：

1　行政院國家科學委員會自二〇〇三年起獎助博士候選人和博士到國外進行研究，稱為千里馬計畫。

「但你必須找到一個芬蘭大學教授來指導你[2]，你有熟識的嗎？」

「很遺憾地，我從不認識任何一個，但可以給我時間去試試嗎？」

「好，但你只有一個月時間……在這段時間，你不僅得提出你的中英文研究計畫、找到願意指導你的芬蘭教授，也要自覓一間願意讓你蹲點一年的中小學……」

在博三升博四那年暑假，原本計畫四年要畢業的我，卻突然這麼自問自答起來。

初次聽聞此計畫的人都這麼追問我：

「你的勇氣哪裡來？」

「你會說芬蘭語嗎？」

「你敢一個人去不怕嗎？」

「你沒有經濟壓力？」

「你的先生怎麼辦？」

「你的工作呢？」

「你如何……」

我有些汗顏卻也要相當誠實地說——我完全沒有考量這些。

若你（妳）曾向我提問過這些，便知道我始終唯一的答案是：「先讓我試試看再說。」

那一個月的死線天天壓在我的眉睫間，每天都讓我精神抖擻，卻也相當緊繃。

然而，博一至博三踏實的研究訓練先讓我在計畫撰寫上過了第一關，這讓我暫鬆了一口氣。

接下來，我還要努力找到芬蘭大學教授和一間能夠讓我長期蹲點研究的中小學，而此時，我完全沒有認識任何一人。

十封信

我沒有讓指導教授多為我擔心，因為，過去以來，老師已幫忙我太多了。

這一次，我也想對自己的問題解決能力作一試煉。

尤其，我也常在教室裡鼓勵學生嘗試解決自己製造出來的問題。只是，令人緊繃的是，只剩兩週就是申請計畫的截止時間，而我仍然沒有認識任何一位芬蘭大學教授。

譯注：

2　根據千里馬計畫規定，申請到國外研究必須要有一位當地的大學教授同意指導。

這天，我上網瀏覽芬蘭各大學網站。我自然地先從赫爾辛基大學（University of Helsinki）查閱起，我想它位於芬蘭首都，旅行經驗告訴我首都通常交通較便利。我以「數學教育」、「社學科學」、「師資培育」為關鍵字分別輸入查詢，然後再交集、比對，最後找到十多位與我有相類研究背景的學者專家。

我仔細閱讀他們的學術背景、近年研究興趣，以及最新文章。然後，我記下一共十位我感興趣的教授電子郵件。

緊接著，我將已經備妥的英文自我簡介、英文研究計畫書、過去研究成果（博二時我剛好以英文寫了一篇關於芬蘭數學教師與本土數學教師在數學課室上對學生支持行為的研究[3]）等，分別寄送給這十位教授。

文中，我表明自己是來自臺灣中學數學教師，期待就教於芬蘭中小學課堂，希望他們能夠願意作為我的明燈指引。

然後，我還鼓起勇氣提出建議，我向他們提出，若他們同意，我很樂意交流臺灣課室數學教學、自己的興趣研究，以及或許我也能協助芬蘭課室教學（按：我完全不否認自己當時真的太勇敢）。

當第十封信件傳送出去後，離截止時間只剩下短短七天，機會似乎越來越渺茫。

接下來，我如常地做著平日做著的事——讀書、寫文、與娜娜公園散步、午後的咖啡小憩。

可能我做到了先生一直教給我的座右銘「先盡力，然後就平常心」，所以內心越來越為平靜。

偶爾，我想起機會靠我這麼近卻又那麼遙遠時，會覺得自己為何可以讓生活變得那麼有趣。

但多巴胺的影響似乎比以往所知的還要微妙變化，尤其對動機的影響似乎又比愉悅感受還要多上許多。

然而，這樣的過程我感到非常享受。

然後，我又很正向地想著「這享受的感覺已值回票價」，就算最後去不成又有什麼關係？

譯注：

3　此篇後來刊登於二〇一九年六月出版的《中等教育季刊》，感興趣的讀者歡迎進一步閱讀。

信寄出後一兩天，我便收到了回音。

學者們的回覆大多扼要、直接，卻也充滿鼓勵。

其中一類回覆是「基於某些因素，我無法指導你，但期待你來參與……」；另一類回覆則是「我對你的研究旨趣感到興趣，但我更樂意為你推薦至其他更適合指導你的教授或部門……」；還有一則回應是：「我是一名博士生，恐無法給予指導（這是我的疏忽，我後來才知芬蘭大學多將博士生列為正式研究人員，而我將他誤認是一般教授了），但基於與你有共同的關懷，我願意與所屬的研究團隊討論支持你來此研究的可能……」

每一封內容，即使才幾字，我也看得用心用力。

這是第一次，我真切地感受到網際網路的影響力——我傳送訊息給關鍵的未識者，而遠在另一端的他們竟也回覆給了從未謀面過的我。

我想起歐老（歐用生老師）在課堂上常鼓勵我們「教師即陌生人」（Teacher as stranger）。我以為，在網路世界裡，是否我們也正作為陌生人？

閱讀後，我旋即一一回覆。

除了感謝學者們的友好鼓勵外，也對他們願意為我繼續轉介推薦表示樂意與感謝。

截止日倒數三天，我將一篇苦思多時的研究架構梗概描繪了七八分、感受一絲甘來時，便決定提早出門散步去。

散步後，我們來到咖啡廳。

「咦？娜娜醬今天看起來好沒精神喔？」熟識的店員關心地說。

「她才與她的好朋友玩過頭，其實是累了……」我們都笑了。

「對了，後天有新的咖啡豆試飲，記得來嚐嚐看喔！」店員熱心提醒。

「啊，後天？」我想起後天正是死線，不禁感到有些氣餒。

當店員似乎又繼續說些什麼時，手機突然傳來一聲提示鈴，接著畫面跳出一連串密麻英文字，這讓我神經敏感。

是的，這是第九封、也是最後一封來自赫爾辛基大學教授的回信，信中短短幾行字：「你的研究很有趣，我可以指導你……」

原本駝背坐著的我倏地伸直了腰桿，拿起了手機近距離再讀一次：「你的研究很有趣，我可以指導你……」

我心跳加劇，稍大動作似乎驚動了因累正準備睡去的娜娜醬，她望著我，目光炯炯。

我感到像夢一般覺得不可思議——原來，夢想真有機會能夠實現！

我遺漏了店員後來對我說的每一個字，但依稀記得其中有一段是：「……你今天來早了……」

「當時間不再是一無限循環的無聊數字時，那會是什麼？」

我想起歌德說：「時間是我的財產，而我的田畝是時間。」（Time is my property, my field is time）。

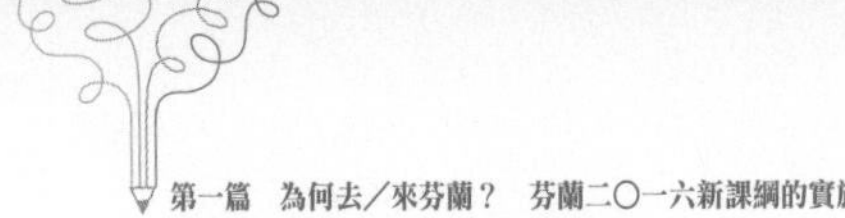

2 芬蘭二〇一六新課綱的實施

芬蘭教育改革脈絡概覽

一九七〇年前，芬蘭為雙軌教育系統，學童在年幼時即進行分流教育，導致學習機會的不平等。由於教育平等議題長久以來成為政治上的熱門議題，後來促成一九六八年《教育基礎法》（*Basic Education Act*）立法，其中揭示了所有學童應在相同學校接受九年教育，芬蘭基礎教育乃孕育而生。

一九七〇年至一九九〇年，歷經此教改二十年，在理念與行動相互激盪下，芬蘭教育決策逐漸走向地方分權，尤其一九八五年《教育基礎法》再次進行修訂，權力下放和教師自主的走向就此訂定調，同時終止學生能力分班情形，個別學生需求成為教育關注的焦點（Niemi, Toom, & Kallioniemi, 2016）。

一九九四年，課程改革賦予自治市地方當局更多自主權，學校本位決定（school based decision-making）也成為制定課程的重要基礎，此外，教科書審查和定期訪視學校等作法更直接廢除，地方和學校權能都獲得更大擴充。

核心課程綱領推行十年之後，二〇〇四年再行進行修訂，此次教育改革重點主要是針對綜合學校的課程綱要做出更符合學生個別化學習的調整，並且將教材的選擇權交由各校與教師（FNBE, 2004）。易言之，芬蘭教育改革更朝向符合憲法所規範國民受教權之平等精神，也持續往綜合式的基礎學制發展。

直到最近一波教育改革，也就是二〇一四年進行綜合基礎教育史上的第五次課程變革，主要改革目標在於教學法與學校文化。此次變革目標強調面對未來教育學校所扮演的積極角色，至於發展學校文化和師生權能也都是此次變革的重點要項（FNBE, 2015）。

整體來說，在芬蘭，國家核心課程是一個相當新的制度，迄今僅實施約五十年（如圖1）。國家核心課程界定了課程共同架構與基本指導原則，提供給地方政府和學校依其環境脈絡發展課程，同時也鼓勵將當地特色與可能性納入考量，在組織教育內

圖1　芬蘭教育改革時間圖

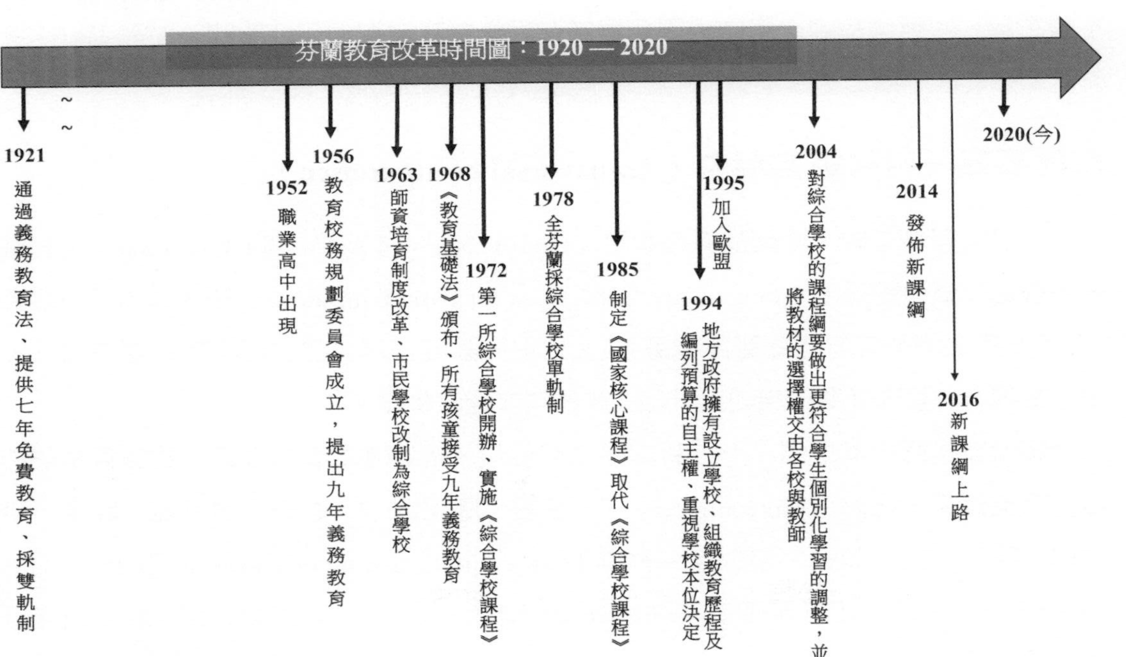

資料來源：作者自行整理繪製

容與實施核心課程方面，地方政府與學校亦擁有相當高的自主權。此外，從前述脈絡不難得知，芬蘭基礎教育的目的朝向確保全國教育保有充分的公平性，所謂教育公平意旨機會均等，至於尊重個別差異則是實踐教育公平性更進一步的前提。

新課綱揭示七大橫向能力（Transversal competence）

二〇一四年六月，芬蘭國家教育署（Finnish National Agency for Education）公布國家基礎教育核心課程（National Core Curriculum for Basic Education）（臺灣也在同年發佈「十二年國民基本教育課程綱要總綱」），這是在距前一次二〇〇四年課程改革約十年後，再次公告的新課綱，並訂於二〇一六年八月開始實施。

根據新課綱，為培養二十一世紀應具備能力，學校進行科目教學時應協助學生發展「橫向能力」（transversal competence）。所謂「橫向能力」係指「由知識、技能、價值觀、態度，以及意志所組成的一實體」（an entity consisting of knowledge, skills, values, attitudes and will），而「能力」（competence）意味著「一種在特定情況下應用知識和技能的能力」（an ability to apply knowledge and skills in a given situation.）（FNBE, 2016: 21）。換言之，「發展學生的橫向能力」作為芬蘭新課綱總目標，表達了此次基礎教育

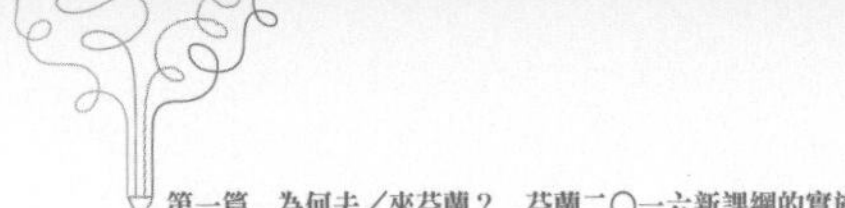

核心課程設計的重心在提升學生面對二十一世紀挑戰的能力。

此橫向能力共有七項，包括（FNAE, 2016: 21-25）：

一、思考與學習的能力（Thinking and learning to learn, T1）

此能力是發展其他能力和終身學習的基礎，學生視自己為學習者並知悉與環境互動的方式會影響他們的思考和學習。他們學習觀察、探尋、評價、編輯、製作，以及分享信息與想法之方式也是學習所不可或缺。學生知道可以多種方式構建信息，例如：透過有意識推理或基於個人經驗的直覺。探索性和創造性的工作方法、與他人共事，以及專注於一切可能性等，均能促進思維和學習能力的發展。

此外，鼓勵學生提出問題、尋找答案、聆聽他人觀點，同時反思個人的內在知識。作為學校學習社群的成員，學生的想法和倡議獲得支持能增強他們的能動性（agency）。他們獨立地運用信息，透過與他人互動以達問題解決、論證、推理、獲致結論，以及有創意的發明。教師協助每位學生辨識他們個人的學習方式並發展學習策略，隨著學生透過餐與設定目標、規劃任務、評估自己的進步，以及適齡地使用技術和其他工具去學習之外，「學習去學習」（learning-to-learn）的技能也將得到進展。在基礎教育階段，此能力之培養可促使學生習得良好知能基礎，也能為終身學習創造持續性動力。

二、文化識讀、溝通與表述的能力（Cultural competence, interaction and self-expression, T2）

學生成長在一個具多樣文化、語言、宗教，以及哲學的真實世界中，要擁抱文化永續的生活方式和在多樣化環境中行動的先決條件便是能具備有尊重人權、欣賞互動，以及表達自己和其觀點的方法等文化能力。鼓勵學生去思考個人背景的重要性和其在世代鏈（the chain of generations）中位置，他們學習認識文化、宗教、哲學如何在社會中發揮影響力、媒體如何塑造文化，以及思考人權的不可侵犯性等，透過與學校社群和與外部合作，學生學習辨識文化特徵並能在不同環境中靈活行動。

此外，學生在學校中應有機會提供建設性意見和展開道德性行動。他們學習易位去審度問題並考慮真實情況。學生學習認識和欣賞人權，特別是兒童權利，以及這些權利所象徵的行動意義。在學校社群中，學生體驗互動對於個人發展的重要，他們學習以不同方式表達自我，同時也是語言的靈活運用者，即使是使用有限的語言與他人

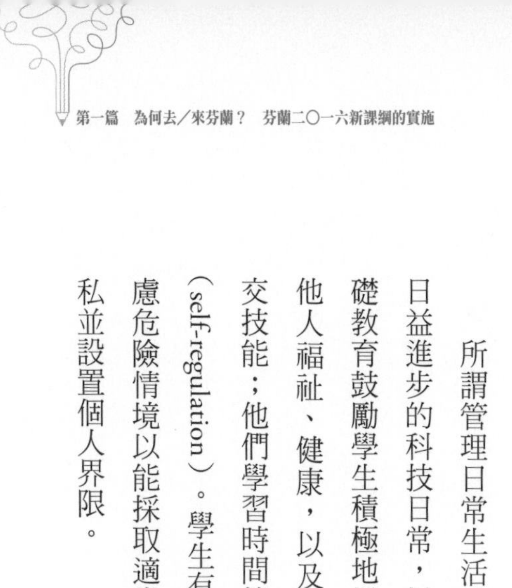

互動也同樣受到鼓勵。此外，學生學習使用數學符號、圖像視覺、戲劇與音樂，以及運動等作為互動和表達的方法也一樣重要。學校鼓勵發揮想像力和創造力，學生也學習在生活環境中提升審美價值並享受於自己所選的各式表徵形式。在基礎教育中，學生認識和欣賞環境中的文化意義、建立個人文化認同，以及建立與環境的正向關係。

三、自我照顧、管理日常生活的能力（Taking care of oneself and managing daily life, T3）

所謂管理日常生活乃涵蓋對健康、安全、人際關係、機動性（mobility）、交通、日益進步的科技日常，以及個人財務與消費管理等，這都是永續生活的重要元素。基礎教育鼓勵學生積極地思考未來，而學校社區也引導他們了解每個人都影響自己的和他人福祉、健康，以及安全。學生能有機會為自己行動承擔責任，也培養情感與社交技能；他們學習時間管理，此做為日常生活管理的一部分，同時也是一種自我調節（self-regulation）。學生有機會在各種情況下如通勤中練習照顧自己和他人的安全，能考慮危險情境以能採取適當行動，能學習識別與安全相關的重要訊號，以保護自己的隱私並設置個人界限。

此外，關於科技的選擇，他們也需要有明智的建議。在教學過程中，科技的多樣功能需要常被檢視，學生應了解其操作原理和構成成本。指導學生負責任地使用科技，同時也讓學生思考其所衍生的道德問題（consider ethical questions related to it）亦是學習的一環。再者，為管理和規劃個人理財，學生發展他們的消費者技能和能力。他們學習充當一名消費者、懂得批判性地檢視廣告，以及認識並具倫理意識地善用個人權利與責任。在基礎教育中，學生學習理解那些得以促進或破壞福祉與健康的重要因素、發現與此相關重要信息，他們被鼓勵適度、分享、節儉，以及有練習做決定和以永續方式行動的機會。

四、多元識讀（Multiliteracy, T4）

此能力係指跨越各種不同文本進行解釋、生成（produce），以及做出價值判斷的能力，此有助於學生理解不同文化交流的方式，並建立他們的個人認同。多元識讀對「文本」的定義較為包容，凡由語言、視覺、聽覺、數字和動覺符號（numeric and kinaesthetic symbols），以及其各種組合系統所呈現的知識均是其範疇，並可以書面、口頭、印刷、視聽，或是數位形式等來詮釋或生成。

此外，多元識讀支持批判性思維和學習技能的發展，在發展過程中，學生也討論並反省有關道德和美學的問題。學生的多元識讀能力在學校科目中逐漸發展起來，然培養此能力的一先決條件便是提供豐富的文本環境、借鑒它的教學法，以及在教學中與其他行動者合作，讓學生有沉浸於不同類型文本學習的機會，或獨立或合作地運用、解釋、生成這些不同類型的文本。在基礎教育階段，學習材料含括有不同呈現模式的文本，學生理解他們自己的文化脈絡獲得支持，他們檢視那些對自己具意義的真實文本，也根據這些文本來解釋世界，此讓學生可以透過個人優勢和善用學習內容以參與和投入整個學習歷程。

五、資訊與通信科技能力（ICT Competence, T5）

ICT本身即是一重要的公民技能，也是多元識讀能力的一部分。它是一學習客體也是一項工具。學生在基礎教育中的每一年級、不同科目、多學科學習模組，以及其他學校工作中都能有應用ICT的機會。學生發展ICT能力主要展現於四個方面：1）指導學生理解使用ICT原則和其運作原則與關鍵概念，並支持他們在創作中發展實用的ICT能力。2）引導學生以負責任、安全，以及符合人體工程學的方式使用ＩＣＴ。3）指導學生在信息管理和探索性和創造性工作中使用ＩＣＴ。4）學生在互動和網絡中積累使用ＩＣＴ的經驗並實踐。此四個方面中，非常重要一點是學生本身需相當主動，他們有發揮創意和找到適性工作方法（working approaches）和學習途徑（learning paths）的機會。此外，與他人共同行動和因重大發現所帶來的樂趣也至關重要，這都影響他們的學習動機。ＩＣＴ提供的是一種能以多樣方式促使想法和創意可見的工具，它同時也是發展思考和學習如何學習（learning-to-learn）的技能。

此外，鼓勵學生在觀察日常生活重要事物、與人際交往，以及將其作為一種能產生影響的渠道時，皆能熟悉應用和使用ＩＣＴ。學生和老師一起思考為何在學習、工作，以及社會中會需要使用ＩＣＴ，且這些技能如何成為工作生活能力的一部分。他們學習從永續發展觀點去評估ＩＣＴ所帶來的影響，並成為負責任的使用者。在基礎教育階段，學生們積累於國際交流中使用ＩＣＴ的經驗，同時也學習理解它於全球中的重要性、可能性，以及存在風險。

六、工作生活能力和創業精神（Working life competence and entrepreneurship, T6）

由於科技進步和經濟全球化等驅動因素，工作生活、職業，以及工作性質正在發生變化。預測工作要求比以前更加困難。基礎教育必須教導學生此一般能力，以促進對工作和工作生活的興趣及積極態度。學生必須獲得經驗，幫助他們了解工作和進取的重要性、創業潛力，以及他們作為社區與社會一份子的個人責任，讓學生積累工作生活知識、學習創業操作方法，並了解在學校和閒暇時間所習得的能力對於未來職業生涯的重要性。學生能熟悉當地企業、行業，以及重要部門之特點，在基礎教育中，引導學生認識工作生活，鼓勵他們收集了與學校外部行動者合作的經驗。在這些機會中，學生在工作生活和協作技能方面不斷練習，並理解語言和互動技能的重要性，他們也要能熟悉自我僱傭、創業，以及風險評估且通過各種方案來控制風險的技能。學生學習團隊合作、項目工作，以及網絡化。

此外，學生必須有機會獨立作業或與他人一起工作，在共同任務中，每位學生都將自己的工作視為整體的一部分，他們了解互惠原則並努力實現共同目標。在機能性的學習情境中，學生學習規劃工作流程、做出假設、嘗試不同選擇並得出結論。他們練習估計任務所需時間和工作的其他先決條件，並在當情況發生變化時能找到新的解決方案。與此同時，他們也有機會學習預測他們在工作中可能遭遇的任何困難、可能面臨的失敗和失望，而鼓勵他們堅持不懈地努力以赴、對結果領會於心（appreciate）亦是要項之一。在基礎教育階段，鼓勵學生開放心胸以抓住先機，並在面對變革時靈活、創造性地行動，引導他們採取主動並發現各種可能選項、支持他們辨識自己的職業興趣，並從各自起點進一步地理性選擇，同時意識到傳統性別角色和其他楷模的影響。

七、參與、影響及打造永續未來的能力（Participation, involvement and building a sustainable future, T7）

參與公民活動是實現有效民主的基本前提。參與、影響，以及對未來負責任的態度或僅能透過練習來學習，學校為此提供了安全環境，基礎教育為學生能負責任地使用民主權利和自由以做為一名積極公民奠定了能力的基礎，學校的使命便是加強每位學生的參與、依學生的年齡和發展水平土力促進其參與決策的權利，學生參與規劃、實施、評估，以及評鑑自己的學習，接合學校工作和學習環境，他們參與、影響公民社會和學校外公共事務，也學習蒐集系統和方法性的知識和經驗。

此外，學生透過他們與自然的關係了解到保護環境的重要性，他們學會評估媒體的影響力並善用它所提供的機會。根據經驗，學生學習影響、決策及責任，也學習理解規則、協議，以及信任的重要性。透過學校內外部的參與，學生學習建設性地表達它們的觀點、學習一起工作、練習談判的技巧、仲裁、解決衝突，以及對議題進行批判性檢視等，同時也被鼓勵從各方平等、公平待遇，以及永續生活方式等角度來思考提案。在基礎教育階段，學生們思考過去、現在，以及未來之間的連結，並考量各種變通性的未來。引導他們了解自身的選擇、生活方式及行動的重要性，不僅對他們自己，也對當地的環境、社會與自然。學生們有能力評估自己、社區，以及社會的運作方式和結構，並進一步改變它，以便為永續發展的未來做出貢獻。

整體來說，為符應全球對二十一世紀能力本位教學的期待，芬蘭發展七大橫向能力為新課綱的總目標，凸顯了學校課室將伴隨結合能力導向和主題導向教與學新模式的需求，而此正與臺灣一〇八課綱強調的素養導向課程精神不謀而合。然而，當課綱進入教育現場後，學校師生如何進行轉化？如何運作？正式課程和非正式課程的實踐如何？教師是否進行共同備課？家長日如何進行？對此，第二篇將有一系列來自於芬蘭教育現場的第一手資料報導。

個案學校簡介

建立於十九世紀中的公立學校

一九一七年，芬蘭獨立後，位於芬蘭最南端、座落於波羅的海的芬蘭灣沿海地處多個海灣之間的赫爾辛基市便成為首都至今。根據統計，至二〇一七年一月止，芬蘭全國總人數共有5,503,297人，其中大赫爾辛基地區（Helsinki Region）（如圖1）居住人口總數有1,456,619人，由赫爾辛基市、埃斯波（Espoo）、萬塔（Vantaa）、考

圖1　芬蘭大赫爾辛基地區

資料來源：City of Helsinki（2017），取自
https：//www.hel.fi/hel2/tietokeskus/julkaisut/pdf/17_06_08_tasku17_en_net.pdf

尼艾寧（Kauniainen）四個城市所組成的赫爾辛基首都地區（Helsinki Metropolitan Area）居住人口總數有1,138,502人，佔大赫爾辛基地區人口數的78％，至於赫爾辛基市的居住人口也有635,181人，佔赫爾辛基首都地區人口數的43％、全國人口數的11.5％，其人口密度相對於全國每平方公里人數十八人而言高出約一六三倍。

P校位於赫爾辛基市，建校於十九世紀中，是一間公立學校，當時僅成立小學部；二十世紀末，增設七～九年級課程，正式成立綜合學校；二〇〇七年底，為與國際接軌，在市政府教育政策鼓勵下採納國際文憑課程（International Baccalaureate®，簡稱IB）至今。

P校遵循芬蘭《基礎教育法》規定，除了必須落實二〇一六新課綱、赫爾辛基市課程指南外，融入有IB課程系統亦為特色，於此，學校以芬蘭語與英語兩種語言分軌授課，以芬蘭語學習的學生主要來自鄰近社區家庭，以英語語言習得課程的學生則來自赫爾辛基首都地區。

無論芬蘭語或英語學習班級，同年級教學內容均同，也享有共同師資和資源。P校也同步發展有自己學校的課程，並免費提供學生所研發的各類學習教材。

至二〇一八年一月止，P校一年級有三個班級（一班以英語授課，另兩班以芬蘭語授課）外，其餘二至九年級每年級各設置兩個班級，一以英語授課，另一則以芬蘭語授課，全校學生共近五百名，員工約五十名。

「一生一課表」

根據新課綱和赫爾辛基市政府規定，一至九年級每周的最低教學節數為：一至二年級每周十九節，三年級每周二十二節，四年級每周二十四節，五至六年級每周二十五節，七至八年級每周二十九節，以及九年級每周三十節（如表1）；至於學科教學分為必修和選修兩種，必修共有十八個科目（如表2），選修則依學生需求或興趣安排開設（FNAE, 2018）[2]。

此外，根據芬蘭《基礎教育法》，每一教學時間至少為四十五分鐘，故一般學校大

表1　芬蘭基礎教育各年級每周最低教學節數

年級	每周至少學習節數
1-2	19
3	22
4	24
5-6	25
7-8	29
9	30

資料來源：City of Helsink（2017）

多安排每上課四十五分鐘後便休息十五分鐘，凡一次進行更長時間課程時（如六十分鐘或七十五分鐘且中間無休息者），則休息時間也須相應延長（FNBE, 2016）。以P校為例，學校設定一節上課時間為四十五分鐘，一次下課時間為十五分鐘，午餐時間為三十分鐘，由於選修課程因人而異，故採「一生一課表」。

多數教師具有十年以上教學資歷

P校一年級共三班，二至九年級各

表2　芬蘭基礎教育提供的學科科目

• 母語和文學（芬蘭語或瑞典語）mother tongue and literature（Finnish or Swedish） • 其他官方語言（瑞典語或芬蘭語）the other national language（Swedish or Finnish） • 外語 foreign languages • 環境研究 environmental studies • 健康教育 health education • 宗教或倫理 religion or ethics • 歷史 history • 社會研究 social studies • 數學 mathematics • 物理 physics	• 化學 chemistry • 生物學 biology • 地理 geography • 體育 physical education • 音樂 music • 視覺藝術 visual arts • 工藝 craft • 家庭經濟 home economics • 選修課 optional studies

資料來源：City of Helsink（2017）

譯注：

2　資料來源：https://www.oph.fi/en/statistics-and-publications/publications/compulsory-education-finland

置兩班，一至六年級每班設有一名班級教師（classroom teacher），七至九年級每班設有一名導師（homeroom teacher）。在P校，除了校長具有博士學位外，其餘教師均具有碩士學位。

近年來，為因應學校學生人數逐年增加，學校陸續聘請助理教師，其學歷則較多元，或具碩士學位，或大學學歷，也有高中學歷，主要任務在協助班級人數較多的課室師生進行教學，這些班級大多以低年級課室為主。

除了上述教師外，基於選修課程、其他必修課程師資之需要，學校也聘有短期教師或與他校合聘教師。例如，西班牙語是校內開設的選修課程，其師資便是短期、外聘而來；校內宗教教師不足，其師資便與鄰校合聘而來。校長指出，這些短聘或合聘教師，會視學校需求延長或解除聘期，由於他們在校課務不多，故可自由選擇是否參與週三的教師共同備課。

第二篇

芬蘭教學現場觀察

第一章 芬蘭課室觀察：正式課程篇

- 設計課室
- 數學課室
- 科學課室
- 藝術課室
- 語文課室
- 體育課室
- 社會課室
- 現象為本學習（Phenomenon-based Learning）
- 課間活動（recess）

第二章 芬蘭課室觀察：非正式課程篇

- 親師生專屬的 Gala
- 學生代表會議
- 全校郊遊日

第三章 芬蘭課室觀察：其他

- 教師共同備課
- 家長夜（Parents’ Evening）

1

正式課程篇

設計課室──強調生活實用的家庭經濟課

「對了，你們若吃掉這些，老師該如何給你們評分呢？」我一邊嚐著烤餅，一邊好奇地問她們。

「其實老師已經評分得差不多了。」女孩回答我。

「是嗎？何時？我怎麼沒有注意到？」我感到相當驚訝，因我不記得有看到老師拿著紙筆登記分數。

「我們烹飪時，她不是有過來看看我們工作嗎？還幫我們的試味道、更換適合料理的廚具……那些就是了，等我們完成作品，她也差不多完成評分……」女孩不急不徐地說。

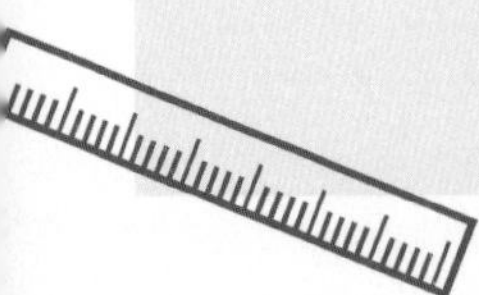

教學任務——發展照顧他人並做為家庭與社會的積極成員

根據芬蘭課綱，家庭經濟（Home Economic）從七年級開始設立，其主要教學任務乃在「培養掌握日常生活所需的知識、技能、態度及準備程度，並採取促進幸福的可持續生活方式」、「提高手工技能和創造力」、「在家庭日常生活中保有選擇和可持續行動的能力」，以及「發展照顧他人的能力並朝向做為家族、家庭及社會的一名積極成員」等（FNBE, 2016: 470）。基於此，師生的教學主要在加強學生的學習毅力、與他人一起行動的能力、批判性管理信息的能力，以及注意學生在學習環境中的平等參與。

關鍵內容領域——兼容飲食、居家生活及家務管理

這裡將以一間七年級課室的「家庭經營——健康料理、認識家庭收支概況」教學為例。根據課綱，家庭經濟關鍵內容領域共有三項，包括：飲食知能和飲食文化（Food knowledge and skills and food culture）、住家和生活（Housing and living together），以及家務消費與財務能力（Consumer and financial skills at home）。

芬蘭課室實況觀察

觀課時間	二〇一八年三月 連續三節
班級／學科	七年級／家庭經濟課
學習單元	【家庭經營】健康料理、認識家庭收支概況
任務名稱	1. 料理烹飪：腸湯（sausage soup）、薄烤餅（pancake） 2. 帳務管理學習：「消費者的權利與責任」（consumer rights and responsibilities）
教學目標	O2 to guide the pupil to practise manual skills needed in managing the household and to encourage him or her to be creative and to pay attention to aesthetics） O6 to guide the pupil to practise listening, constructive discussion, and argumentation in the planning and implementation of learning assignments O11 to support the development of the pupil' s skills in reading, interpreting, and evaluating instructions as well as signs and symbols in the household and its surroundings
上課形式	兩班制[1]

佈置如同居家環境般的家庭經濟教室

個案學校每一學科都有「專科教室」，每一間教室尺寸約是臺灣一般中小學教室的二倍左右大，教室內牆邊建置有高挑的櫥櫃，櫥櫃裡擺放教學用具或學生學習半成品等。在這裡，學生上課如同大學生般，每節課依照科別至不同的專科教室去上課，而學科教師會在教室等候大家。

這間家庭經濟教室，寬敞明亮、設備齊全，可能因裝置有齊全的廚房設備，教室空間明顯再比其他專科教室大上一倍。這間家庭經濟教室內規劃成三個子空間：一是「開放式廚房區」，規劃有四間小型開放式廚房，每間配置有兩個電爐、一個烤箱、一套櫥櫃，以及琳瑯滿目的調味料罐等，其佈置和設備之齊全就如同一般公寓，充滿了居家風情（如圖1）；一是「師生教學座位區」，主要是師生進行課程聽講時使用，有趣的是，當師生聽講時，這些書桌是書寫與討論的功能，但轉換成餐廳模式時（煮食後上菜），書桌則被學生妝點成帶有美麗瓶花與鮮豔餐墊／巾紙的餐桌；最後一區則是

譯注：

1 所謂「兩班制」，係指學校將班級分成兩組輪流上課，當一組正進行家庭經濟課程時，另一組則先進行其他學科課程的學習，然後再交換上課。例如：家庭經濟課將全班學生二十二人分為成A、B兩組，每組十一人，A組學生先上家庭經濟課，同一時間，B組學生可能先上物理課，待兩組學科課程結束之後，再交換至對方的專科教室去學習。

「儲藏室」，裡面擺置有三至四個大型冰箱，還有各類餐盤、杯具、刀叉、刀組，以及大尺寸份量的調味料或調味醬等，當然，一定不會缺少的還有更多的食譜書籍和參考用書等。

此外，整間教室牆上還掛有多幅賞心悅目的美麗畫作，及幾張引導思考如「如何可以促進營養飲食」的文字海報等（如圖2），整體來說，家庭經濟教室內軟硬體設備齊全，朝向一般家庭居所的佈置環境令學生有親近感，色彩繽紛的空間讓身置其中的人懷抱有滿滿的愉悅心情，好似也促進了食慾。

圖1　家庭經濟教室一隅：開放式廚房區

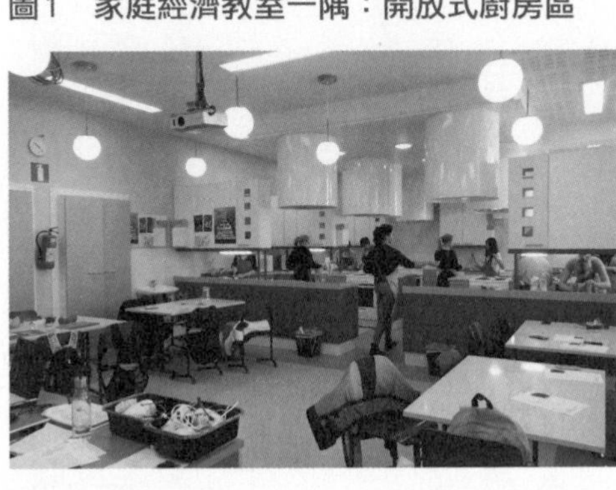

資料來源：作者

朝向分組輪流上課——為照顧好每一位學生

我隨著學生進到教室時，見到學生多主動地就位——洗手、戴上圍裙、整理桌面，他們看著桌上的食材，猜想著今日可能的手做料理名稱和內容等。這些七年級生約有三分之二從一年級起便就讀於此間學校，對於專科教室環境和家庭經濟教師顯然都已十分熟悉。

七年級生的家庭經濟課如同數學、物理、英語、化學、瑞典語等，均採分組輪流上課，即「兩班制」。為何如是做？家庭經濟師說，這是為讓老師可以盡可能地了解到學生的工作情形，尤其這一門課時常需要實驗、練習或手作，她更必須要注意到學生學習過程中的實作與安全性問題，「不分組的話，我無法照顧到每一位學生」（訪家庭經濟師，201803）。此外，家庭經濟老師也提到，這種「兩班制」在芬蘭綜合學校裡是常態現象，事實上，許多研究也證實人數過多的課室教學恐影響學習效果，此議題更是許多國家近年來進行教育改革時多會提出慎思的重要議題之一，當今的芬蘭學校也正朝向為「降低班級人數」（low class size）而致力。

圖2　家庭經濟教室環境佈置

資料來源：作者

因應多元文化的變通性教學策略

個案學校七年級家庭經濟課一週一次，一次連續三節課，根據教師規劃，通常烹飪會在前兩節課完成，最後一節則是學習家庭事務管理的知能，這些知能包括：家庭帳目的管理、衣物洗滌方式的認識、家具材質的最適選擇，以及家人關係的經營等。

課堂正式開始後，家庭經濟教師先發給每位學生兩張食譜單，也順道介紹起今日將做的兩道料理：一為腸湯（sausage soup），另一為薄烤餅（pancake），此兩道都是芬蘭人日常飲食內容，對於學生來說並不陌生。

家庭經濟老師提及，幾乎所有學生都喜愛烹飪，他們熱愛手作、親手烹調，且無分男女。她說得一點也不錯，當學生看到這兩道熟悉料理時已忍不住七嘴八舌、蠢蠢欲動。在讓學生進廚房區之前，老師先提醒學生應依組員人數重新計量調味與食材，在用火、用電時也應注意溫度，一旦有任何問題應立即反應。此外，她也鼓勵大家在烹飪過程中親力親為，又叮嚀食物上桌前，應也不忘先佈置好餐桌再將美食呈上。語畢，學生們個個興奮地起身轉往廚房工作，他們或兩人或三人一組使用一間開放式廚房，每一位看起來都興奮極了！

忙碌間，我見班上一位巴基斯坦女孩和一位印度女孩合作烹飪的醬湯未依食譜建議放入肉湯塊（meat stock），我好奇地靠近並詢問。

「你們為什麼沒有依照食譜製作呢？」我問。

「喔，因為我是伊斯蘭教徒……至於她（印度學生）則是素食主義者……我們跟對方同一組，必須考慮到當料理完成後能不能一起享用的問題，所以，我們決定不放入肉湯塊……」這位巴基斯坦的女孩詳盡地回答。

我聽了之後感到有些羞赧，忘了身處多元文化的歐洲校園，應對於身邊可能常態性遭逢不同背景文化的人事物更有敏覺心與同理心才是，這也提醒我在日後的課室觀察時應更有包容心與知情同理。

以形成性評量為主——重視學生「學習烹飪的歷程」

約一個小時過去，多數學生陸續地將書桌布置成美麗的餐桌（如圖3）。仔細一看，桌上不僅都鋪有餐墊、餐具，還有美麗瓶花與色彩鮮豔的餐巾紙，每桌配色雖不盡相同，但搭配卻都意外好看，

圖3　學生將書桌佈置成餐桌

資料來源：作者

讓人感受美食當前、食指大動。

這時，剛與我對話的那位巴基斯坦女孩正端著一塊薄烤餅向我走來，她有點害羞地將餅遞給我說想讓我試試看，而那位印度女孩則從儲藏室「提」來一大桶草莓果醬幫忙我添在薄餅上（如圖4），略帶羞澀地對我說：「ENJOY IT!」。此時的師生教學座位區，好似一番悠閒自在的午茶咖啡館氣息！

「對了，你們若吃掉這些，老師該如何給你們評分呢？」我一邊品嚐著烤餅，一邊好奇地問她們。

「其實老師已經評分得差不多了。」女孩回答我。

「是嗎？何時？我怎麼沒有注意到？」我感到相當驚訝，因我不記得有看到老師拿著紙筆登記分數。

「我們烹飪時，她不是有過來看看我們工作嗎？還幫我們的試味道、更換適合料理

圖4　個案學校學生烘焙的薄烤餅（pancake）

資料來源：作者

的廚具……那些就是了，等我們完成作品，她也差不多完成評分……」另一位女孩不急不徐地說。

「那就是……原來如此……」我突然想起諸多文獻不都提及的課室教學評量要項之一便是——注重學習過程勝於結果，我竟然忽略了！

換言之，對學生學習過程的理解與突顯形成性評量的功能，一定遠遠地比單獨看到單一成品便給予一個分數更具深度與意義，這也再次提醒了身為教育工作者為學生進行學習評量時，應對「評量」本身保有慎思，即評量的目的不在於消耗師生的時間和學教意願，而是盡可能地引發並保有學生的學習動機和興趣，在情感上，甚至還能促動師生一起期待下一次學教經驗的來臨。評量本身不是目的，是用來判斷師生教學目標是否達成並據以改進教學的方法，評量，是達到目的的一種手段。

烹飪後，還有帳務管理的學習

最後一節，是家庭事務管理課程。關於最後一節教學歷程，教師通常分為三個階段讓學生完成主題的學習，此三階段包括：自行閱讀或觀看教師所指定的文章或影片→回答教師發下的學習單上問題（通常有標準答案）→教師引導全班討論答案並補充相關知能。今日，老師將家庭管理的學習主題訂為「消費者的權利與責任」[2]（Consumer rights and responsibilities），其教學歷程如表1。

然而，原以為教師引導學生討論的僅是「消費者」這一端的權利與義務之範疇，卻又見老師也追問學生關於「提供服務者應如何具權責地提供合理且安全物品」、「供應者如何提供完整且透明的資訊給消費者」一類問題，這讓整個學習過程變得更具整體性、反思性，也讓學生有機會在不同角色中來回地設身處地、知情同理。

課後，老師也向我提醒，由於近年來芬蘭年輕族群勇於創業、喜於與他人合夥創建公司，故讓學生知道人我關係的權責與義務也是她這節課設定的教學目標之一，她希望學生更能抓住消費行為和其行動背後應有的道德倫理核心概念，而此也能有助於家庭與社

表1　家庭事務管理的教學歷程

歷程	說明
一	先讓學生自行透過載具觀看Youtube影片「消費者的權利與責任」（Consumer Rights and Responsibilities）（教師已先將影片名稱寫於白板上，並鼓勵學生使用手機或向老師索取平板連上網路收看）
二	接著請學生回答並寫下學習單上的問題，這些問題如：消費者有哪些權益與義務？你認為作為一名負責任的消費者應還可以再注意什麼？
三	教師引導全班討論學習單上問題，並請大家修正或補充

作者自行整理

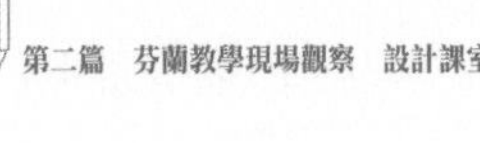

會之間的正向連結。

累積管理家庭事務的能力

課堂結束前，教師又給學生一項「概算」任務——她讓學生試著去計算個人或家庭的收支。她請學生以「月」為單位概算自己或家庭之「常態性支出」（fixed/regular expenses）和「變動性支出」（variable expenses）。為讓學生較有概念，她將事先準備好的某參考書中相似例子直接投影在螢幕上，一邊解說時也一邊鼓勵學生練習繪製。

對於此項任務，學生不僅要先理解一些專有名詞如「常態性支出」和「變動性支出」意涵，還得進一步理解如何組織與計算出這些數值，這是一項包含數學知識技能的任務，看得出來，多數學生在計算百分比時都感受挑戰。

譯注：

2 這部Youtube影片「消費者的權利與責任」（Consumer Rights and Responsibilities）連結為https://www.youtube.com/watch?v=T3vWwQEPL4，主要內容為介紹消費者權利和責任的概念。此影片由一家位於印度孟買的教育創新公司 Mexus Education Pvt Ltd. 所拍攝。家庭經濟教師指出，她之所以選擇此影片是因為其將大概念解說得扼要且清楚，且影片長約九分鐘，相當符合她的教學活動時間安排。

「你這個地方是否嘗試再驗算一下？」我看到學生H把百分比值算錯便提醒她。

「喔，對，應該是25%才對。」她很快地找到了錯誤，便擦掉又重寫一次。

「畫完圓餅之後會交給老師批改嗎？」我好奇地問。

「沒有，這只是練習……」她解釋。

「那你們如何確認結果是正確呢？」可能自己教學生數學，對這類凡正確／錯誤二分法答案較為敏感，故好奇而詢問。

「當然，不會的地方可以去問老師……」她似乎對我的問題有些不知如何回應。

「你的意思是……不會的話主動去問、去學，是這樣嗎？」我猜想她的意思後想再確定。

她微笑點點頭，接著又說：「是的，不會的人自己會主動去問老師……」她好似因為我終於理解而鬆了一口氣。

我突然想到，這是指「自動自發」嗎？對於學生H的回答，我思考有否可能「自動自發」能力也需要學校教育一併有系統地加以引導？對於學習，個案學校學生若真的較能「自動自發」，那麼，原因可能會是什麼呢？這讓我感到好奇。

觀察外一章：在盤子上看到了多樣性和道德

先談一下芬蘭家庭經濟作為教學的歷史概況。

芬蘭家庭經濟學教學的歷史可追溯至一八九〇年代。當時，一位牧師的女兒安娜奧爾索尼（Anna Olsoni）受到芬蘭婦女協會（Finnish Women's Association）的資助，被派往倫敦進行考察旅行。當她歸來時，教育學烹飪學校（Pedagogic Cooking School）在赫爾辛基成立，首屆學生也於一八九一年開始學習。

以往，在芬蘭小學，僅女孩能學習家庭經濟，但隨著一九七〇年代綜合學校制度的出現，家庭經濟學已成為所有學生（不論性別）的必修課，也一直持續至今。家庭經濟教師指出，在芬蘭的綜合學校中，家庭經濟學教學不僅涉及烹飪，也為學生提供與消費過程有關的全部技能及與家庭生活和居家有關的課題學習，如清洗衣服、打掃衛生、購物，以及學習居家科技（home technology）。

根據觀察與訪談，對個案學校學生來說，家庭經濟誠然受到多數學生歡迎學科之一。事實上，此現象在其他學校可能亦復如是，究其原因，或基於其實用和動手操作的特性（its practical and hands-on nature），如將實驗、閱讀，及互動三者直接做出結合，較無須在理論和實踐之間進行嚴格區分的關係（University of Helsinki, 2018）。[1]

每次，當我參與觀察家庭經濟課室時，越來越能清晰的是——這可能無關乎於這是一間ＩＢ學校與否，實因無論是多數的芬蘭籍學生或少數的非芬蘭籍學生，他們都習於依照自己的宗教信仰、文化、家庭飲食習性等，「特製」出專屬佳餚美食，抑或是透過「協商」做出了雙方都能飲食的料理，在此「烹飪」過程中可以清楚地看見，「食物」終究非烹飪時的唯一主角，人與人之間的互動、與不同於自己背景的人共同工作、協商等，可能讓彼此學習更多。

回想剛進入家庭經濟課室觀察時，我總專注地看師生的教與學內容，但很快地，我便發現在家庭經濟學教學中，多樣性的相遇在盤子上得到了具體體現，「人」之間的互動才是最平實且有趣的焦點。

換言之，透過家庭經濟課學習，不同宗教或生活慣習的學生們得以健康的眼光理解人我的「同」與「不同」，至於家庭經濟學老師對課室中的特殊飲食與如何將其納入自己的教學中亦是關鍵之一。

此外，根據在赫爾辛基大學的參與學習也發現，在芬蘭大學中，要取得家庭經濟博士學位也是可能的。

譯注：

1 相關全文可參 https://www.helsinki.fi/en/news/education-news/cooperation-skills-are-at-the-core-of-finnish-home-economics-teaching

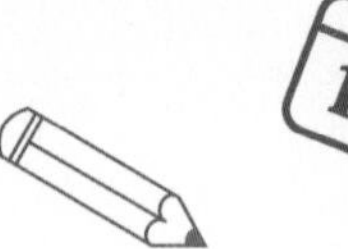

2

正式課程篇

數學課室——連結生活經驗的數學學習

對大部分的學生來說，幾乎很快地都找到了自己所在城——赫爾辛基。此外，在檢索過程中，多數學生也同步去察看幾個自己感興趣或曾經去過的國家和城市，他們在地圖上一邊尋找這些國家或城市，一邊談論著過去的美好記憶（尤其剛剛才過完的暑假），甚至自行串連起飛機飛行的時間、當地的物價、他國與芬蘭的時差等，談論中包括對數學（數量）的感覺、感受生活中有數學的感覺、體驗國家與國家在「數或量」上面變異的感覺……

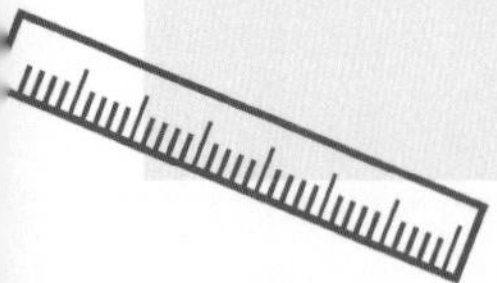

教學任務——在生活中以多種方式應用數學

根據芬蘭課綱，數學課主要教學任務乃在「支持學生邏輯、精確和創造性的數學思維之發展」和「奠定理解數學概念和結構、提高學生處理信息和解決問題能力的基礎」等（FNBE, 2016: 402）。基於此，在一－二年級，數學教學主要為學生提供豐富經驗，為數學概念和結構的形成奠定基礎，師生教學運用不同的感官，透過具體的工具、談話、寫作、繪圖，以及解釋圖像等來提高學生表達數學思維的能力；在三－六年級，數學教學支持學生技能的發展，以更能以不同的方式並藉助不同的工具向其他人展示他們的數學思維和解決方案，學生還將提高他們的算術技能的流利程度；在七－九年級，數學教學是增強學生數學的知能，幫助其加深對數學概念及其之間聯繫的理解，鼓勵在自己的生活中發現並運用數學，此外，團隊合作能力在教學中也能得到發展。

關鍵內容領域——重視數學基礎概念和理解

這裡將以一間六年級課室的「比例尺」教學為例。根據課綱，三－六年級數學科關鍵內容領域共有五項，包括：思考能力（Thinking skills）、數字與運算（Numbers and operations）、代數（Algebra）、幾何與測量（Geometry and measuring）、以及資料處理與軟體、統計及機率（Data processing and software, statistics, and probability）。

芬蘭課室實況觀察

觀課時間	二〇一八年八月某周 連續兩節
班級／學科	六年級／數學課
學習單元	縮圖與比例尺
任務名稱	1. 探索地圖上國家位置和其相對位置 2. 利用縮圖和比例尺算出某感興趣城市與赫爾辛基之間實際距離
教學目標	O10 to guide the pupil in achieving fluent mental and written arithmetic skills, making use of the properties of operations
上課形式	全班一起上課

兼顧探究取向的數學教學

許多人以為，數學教學亟需透過直接講述法來引導學生學習，並透過不斷地題目演練以達到學習精熟、促成理解。然而，對於這一點，個案學校師生可不一定會完全同意。

個案學校「自學」風氣無所不在，多數的學科教師（包括數學教師）上課都簡短、扼要地說，學生也習於透過一些工具來輔助學習，例如：電腦、手機、計算機、參考書等。六年級導師麥克提到，除直接講述法外，他也相當重視探究取向（inquiry-base）教學，至於探究的對象，他以為可以是知識，也可以是技能，更可以是「學習如何學習」等。

以一節常態性的數學課堂來說，麥克通常會在提示一至兩個任務（task）之後，便少有講述，而是將大部分時間留給學生自行去探究，而他則在一段時間後才接近他們、探查他們的學習情形。關於麥克和其學生上課的樣態，茲以一連續兩堂的「比例尺」教學為例。

連結生活經驗的「數學感」學習

一般來說，對於比例尺「表示原物與縮圖（或放大圖）之倍率關係」概念的學習，學生通常需要先了解縮圖或放大圖與原圖邊長的倍率關係後較能理解。對目前正進行中的「縮圖與比例尺」教學設計，麥克所列教學目標主要有六，包括：

1. 認識縮圖與放大圖；
2. 了解平面圖形放大、縮小對長度、角度與面積的影響；
3. 繪製縮圖與放大圖；
4. 藉由縮圖與放大圖的長、寬比值來認識比例尺；
5. 藉由縮圖與比例尺估算實際長度；
6. 藉由比例尺估算縮圖的長度或距離。

今教學進度已來到第（5）項「藉由縮圖與比例尺估算實際長度」。上課後，麥克將課前已先在Google Map上抓取並彩色輸出的一涵蓋有北歐至北非的局部地圖發給每一位學生，有些學生拿到地圖後因好奇而瀏覽，有些從背包取出筆記本、鉛筆、直尺，有些則站起往兩旁的櫃子取出平板電腦以備用。

圖1　老師利用世界地圖向全班講解比例尺概念

圖片：作者

待一切紙本和工具就緒後，麥克拉下卷軸、開啟一幅世界地圖[1]，他先向大家展示芬蘭和其他某些國家地理位置（如圖1）後，又簡短地複習了比例尺的意義、算法，緊接著，他再請大家於地圖上檢索出赫爾辛基的所在位置。

我：	你找到赫爾辛基了嗎？
學生S：	（點頭並在地圖上指認出來）
我：	你對世界地圖熟悉嗎？
學生S：	這一區還可以……
我：	那你還知道哪些城市？
學生S：	我剛剛找到了Madrid（在地圖上指出西班牙），我和家人暑假才去那裏，搭飛機飛了五小時……
	（小六數學課堂觀察，201808）

顯然地，對大部分的學生來說，幾乎很快地都找到了自己所在城——赫爾辛基。

譯注：

1　這張地圖一直掛在教室，許多課堂上都常用到。

此外，在檢索過程中，多數學生也同步去察看幾個自己感興趣或曾經去過的國家和城市，他們在地圖上一邊尋找這些國家或城市，一邊談論著過去的美好記憶（尤其剛剛才過完的暑假），甚至自行串連起飛機飛行的時間、當地的物價、他國與芬蘭的時差等，談論中包括對數學（數量）的感覺、感受生活中有數學的感覺、體驗國家與國家在「數或量」上面變異的感覺。

各有偏好的學習方式

在初步探究後，麥克正式給予學生兩個任務，並請他們在接下來的時間裡盡可能地完成，此兩任務內容分別為：第一、探索這張地圖上各個國家的位置和其相對位置；第二、利用縮圖和比例尺算出地圖上某自己感興趣城市與赫爾辛基之間的實際距離。在簡要說明之後，麥克便先回到自己座位上，暫時不再涉入學生學習。

學生在了解任務內容後，先是考量並決定自己所偏好的學習地點和方式。在學習地點上，他們有些來到教室後方沙發區，有些選擇留在原座位，有些自行調整座位，有些則直接改坐臥於地面；在學習方式上，有些選擇獨立探究，有些則是選擇協同學習。（如圖2、圖3）。

圖2　學生自主選擇偏好的學習方式和地點

圖片：作者

圖3　兩位學生選擇到沙發區協同學習

圖片：作者

只要是在學習，大部分時候我不會限制他們要以何種形式（form）學習……若分心了，我就是提醒他們……（訪麥克，201808）

任務一：引起動機從探索地圖開始

根據訪談，過去這個暑假，班上學生幾乎都才與家人出遊回到赫市，其中有超過一半以上學生都是出國旅行。對於任務一，學生多延續自課堂剛開始時對此地圖初步探索的話題，他們一樣從赫爾辛基出發，與身邊同學聊到暑假與家人至何處旅行，然後也試圖在地圖上找到這些目的地，而當他們找到這些目的地之後，大多說「哇，原來離赫爾辛基這麼遠……」或「我就知道它比○○城市還要近多了……」這一類的話。

學生S：	之前我也到Elba（手指地圖）……
學生A：	我知道，那是義大利的一個島……你知道那裏有什麼特色？
學生S：	可以度假……拿破崙也住過這裡……

（小六數學課堂觀察，201808）

由於目前的學習重點來到「比例尺」，當學生在查看感興趣的國家或城市之餘，有些也會特別去「尋找」地圖上的「比例尺」。然而，即使學生對縮圖同步呈現「比例尺」的意涵已有相當理解，但此次地圖上所顯示的「比例尺」有一較特殊之處在於——使用有兩種不同長度單位的圖示，一是公制單位，另一為英制單位（圖4①），對此，有些學生則感到困惑。

學生A：	這有兩種比例尺圖示？
學生D：	是兩種不同單位，麥克說過……你可以看上面這個，我們（芬蘭）是用「公里」……
學生S：	另一種（單位）是英國人用的……這兩種（比例尺）都可以用……

（小六數學課堂觀察，201808）

事實上，麥克在過去課堂上曾對學生提過公制單位和英制單位的異同，是以，多數學生均知道自己國家慣用公制單位。此外，極少數學生討論了公制單位和英制單位之間的關係，他們透過網路查詢，甚至提到兩者單位長度轉換的問題。

一般來說，比例尺常以1和其縮小或放大的倍率的比、比值或線段圖來表示。若以麥克發下的這張北歐至北非地圖來說，「比例尺」除了未以「比值」呈現外，另兩種表示法均有呈現之，還特別列有一行“1 CENTIMENTER = 137 KILOMETERS ; 1 INCH

= 215 MILES”（如圖4②）。

然而，有學生也細心地發現，“1 CENTIMENTER = 137 KILOMETERS”和“SCALE 1:13,664,000”（如圖4③）之間存在有誤差，對此，也讓他們有些猶豫應以哪一「比例尺」為用較為適當。不久，有學生直接舉手向麥克發問，麥克則是輕輕地回應學生：「你們可以根據自己的理由來決定要使用哪一『比例尺』」。

根據觀察，大部分學生都選擇以“SCALE 1:13,664,000”（地圖上的1公分表示實際長為13,664公分）來計算，主要原因是學生以為這種「以『比』的觀點來表示地圖上的1個單位長線段代表實際上的13,664,000個單位」表示形式較直觀，也較為常見，至於選擇“1 CENTIMENTER = 137 KILOMETERS”為用的學生則是認為相較

圖4　地圖上的比例尺資訊

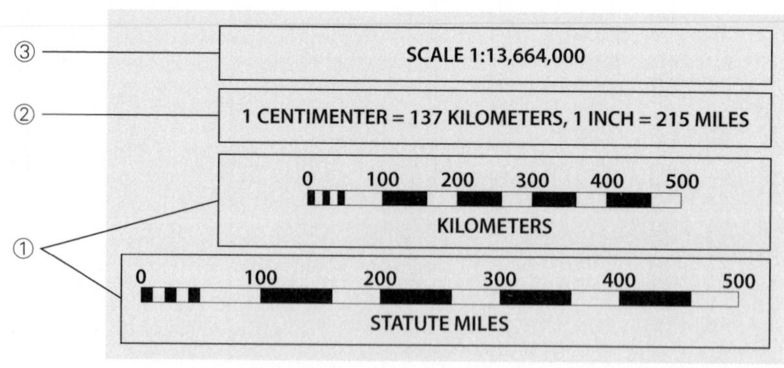

圖片：作者

“13,664,000公分”，“137 KILOMETERS”誠然是易於計算的理想數字。

任務二：從自我命題中維持學習動機

關於第二個探索任務，學生必須利用縮圖和比例尺算出地圖上自己感興趣的城市與赫爾辛基之間的距離。

根據觀察與訪談，多數學生都以暑假旅行的城市或曾去過的地方為標的。確定地點後，他們便拿出直尺將兩地連起、量起圖上兩點之間距離，並將相關資訊寫在筆記本上，緊接著，便在筆記本上計算起兩點之間的實際距離（如圖5）。

> 我量了（Elba到赫爾辛基）距離是16公分……我用137公里來計算……實際距離是2192公里……我還想試試看Madrid……（訪學生S，201808）
>
> 從赫爾辛基搭Eckero Line（船公司名稱）到Tallin大概三小時，我們假日常去……我算出兩點（實際）

圖5　學生以尺量測兩點之間距離

圖片：作者

距離大約是78公里……（訪學生A，201808）

當學生進入第二項任務時，麥克已在教室內走動。他俯身查看學生的學習表現、給予一些建議，通常他告訴學生一些量測的技巧或計算程序問題，有時，他也好奇地詢問學生為何選此城市等，對此，有些學生會熱情地與麥克有更多的分享，讓進行數字運算的同時，還挾帶有一些情意面向的真實互動。

整體來說，大部分學生對此任務感到相當興趣，也都至少選擇了兩個以上的城市分別與赫市計算實際距離。不過，麥克也發現，不少學生在進行「兩位數乘兩位數或三位數乘兩位數」仍常有錯，這讓他思考到也許學生還需要一些額外的筆算練習時間，他想起明天的數學課正好是兩班制課堂，便打算再幫學生複習乘法運算，也包括「估算」內容在內。

在兩班制課堂中鎖定診斷性評量

由於學生計算「兩位數乘兩位數或三位數乘兩位數」仍常錯誤，麥克決定在隔天兩班制課堂上，再特別對此筆算進行複習。

隔天，當一班被拆解成兩組、一組僅剩十多位學生時，麥克顯然更能照顧到每一位學生。他請學生拿出前幾堂課堂已事先發予的數學題目，並讓他們一一上台至黑板上進行筆算練習，每當一位上台時，其他同學則安靜地觀看其筆算歷程（如圖6），當發現計算過程有誤時，大家並不會立即指正，而是等對方寫完、檢查完畢並走回座位坐定後，才一起討論他的書寫。這不僅讓上台書寫者可以完整地經歷整個運算歷程、不受干擾，也能讓其在反覆驗算時有機會優先發現自己因粗心所犯下的錯誤，培養自我審視與評估的能力。

事實上，像這樣地上台「公開」練習的機會並不多，通常都是教師想要診斷學生學習困難時才運用。麥克指出，許多學生都有相同的數學學習障礙，包括：數學語言的障礙、計算的障礙、概念形成的障礙，以及策略學習與應用的障礙等，而他

圖6　師生再度進行「兩位數乘兩位數或三位數乘兩位數」筆算練習

圖片：作者

以為透過開誠佈公地觀摩與討論是促進有效學教的重要途徑之一，因這不僅讓學生獲得立即性回饋，也能幫助各自理解在學教過程中可以再改進的焦點。此外，相同重要一點也在於：無論台下觀者或台上寫者，也都受到鼓勵應有關懷他人之心，麥克不斷地提醒學生此「公開」練習的目的乃為幫助每一位同學學好數學，期藉此降低學生可能會有的焦慮。

簡言之，對麥克的課堂來說，此「公開」練習通常會安排在兩班制課堂進行，這是因為此時班級人數相對較少，師生互動可以更為直接且反應。由此可知，兩班制和全班共同上課這兩種方式交替穿插進行於整個學期中運行，無論教學與評量，都扮演有差異性和互補性角色。

連結回到真實世界的總結性評量

若以每一任務為一個學習單位，那麼，任務二的總結性評量為何？又如何進行？

給任務只是整個教學的一部分，算不上需要進行什麼總結性評量……診斷和形成性比較重要……（訪麥克，201808）

它（Google Map）顯示從赫爾辛基到Elba的距離是2,587公里……我算2,192公里……這應是因為Google Map不是直線距離……（訪學生S，201808）

雖然強調任務無須特別設計總結性評量，然麥克也指出，有些學生在計算出結果之後，會自行以Google Map的點對點之間距離查詢真實，藉以了解自己的計算結果和誤差情形，對此，他也樂觀其成，更以為這確實是不錯的總結性評量方式之一。

那麼，是否會特別鼓勵那些計算較精確、誤差較小的學生？對此，麥克也指出，引導學生認識與理解「比例尺」的意涵、功能，以及知道如何計算出實際距離是此課堂主要教學目標，是以，他不會刻意地去指認孰的答案更為精確、孰的答案較不精確、給誰獎勵、不給誰獎勵。不過，他也指出，自己備有一「隱藏版」教案，他打算有機會的話，將提供學生「理解比例尺有大小之分，比例尺越大，地圖所表示的實際範圍越小，所反映的地理事物就越詳細」，而此正可連結「精確」一詞於大比例尺地圖與小比例尺地圖之差異反應。

觀察外一章：為何沒有固定版本數學教科書？

尼翰是教授八年級生的數學老師，教學經驗超過十年，溫文儒雅，慢條斯理。我從學生七年級開始便觀他的課直到學生八年級，他是我在個案學校中數學科課堂參與觀察次數最為頻繁的老師。

然而，我對於他在課堂上始終沒有使用固定、單一版本的教科書教學一直感到好奇。在本土，使用單一版本教科書一直是數學科教學的常態，但在個案學校裡卻非如此。

那麼，師生如何進行教學？以尼翰師生教學歷程為例，他們大多已培養有一默契模式：尼翰先在白板上寫下今日的學習任務（通常是一至兩個任務，任務內容則與麥克給學生的任務內容相似）↓學生自行運用科技或工具輔助學習↓尼翰暫時回到座位，學生開始自主學習↓尼翰起身走動觀察學生學習情形並給予形成性回饋↓學生完成任務後邀請尼翰給予確認或查看↓學生利用剩餘時間做自己感興趣的事（或教導同學）↓尼翰繼續走動觀察學生學習情形並給予形成性回饋……

有一次課中，我好奇地請教尼翰：「為什麼師生沒有一本固定的數學教科書？那是否會讓教學便利許多？」尼翰聽聞後回應：「恐怕不需要……他們可透過任何資源或工具去尋找自己需要的訊息。」下課後，我又好奇地問學生：「為什麼師生沒有固定一本教科書？」正當大家不知如何回答我的問題時，一位女學生H眉蹙地反問：「為什麼要有教科書？」她接著說：「我們要看什麼書可以自己去找，不需要一本教科書……」乍聽她的回答啞口無言的同時，好像也明白了些什麼……

爾後幾天，我仍花了一點時間進行焦點觀察與訪談，想把整個被師生視為「理所當然」的氣氛弄得更明白一些。原來，在個案學校裡，以數學教學來說，一至六年級仍有一至兩本固定的教科書來輔助學習，但到了七年級之後，在意圖培養並促進學生自學能力前提下，師生不再使用單一版本的教科書，改以提供或引薦多樣性學習資源以為用，這些學習資源包括：線上課程、學習影片、參觀展覽、教師自編或調適教材等，這與學習心理學與認知理論也有相當謀合之處。

再以麥克的教學為例。麥克指出，通常在確認教學目標後，他便會去閱讀並選擇合適的材料加以調適，然後整理成學生「可駕馭」（can handle）的學習資料後才複印並發給學生一人一份。為何以「可駕馭」作為調適學習材料的原則？他指出，意圖在於培養學生的自主學習能力，所以材料必須是學生可以處理的。他也進一步指出，隨學生年級越來越高，他也適時地「放手」，他會逐漸減少學習鷹架提供的次數，改以鼓勵學生主動地去尋找所需的學習資源為替代，此時，作為學習工具的平板、電腦等，往往是學生自主學習時重要輔具選項之一，簡言之，由於沒有固定一本教科書，數學教學還包括了「學習如何學習」能力的培養。

此外，值得一提是，由於沒有固定一本教科書，數學課堂上，倒非常仰賴透過筆記本來學習。事實上，在個案學校，幾乎所有學科教學都運用筆記本（學校免費提供）來幫助學習，學生會將上課重點、任務內容、思考過程、評量結果等，一併寫在筆記本，日積月累下來，筆記本上不僅記錄了所學的數學知能，甚至還有以文字表徵的反思札記，可說同步完成了個人學習歷程檔案的編輯。茲以一位學生在學習「幾何」單元後的自我反思為例如下：

我認為這是很好的學習方式，至少對我來說是。還有，我們可以獨立工作、靠自己來解決問題也很棒，而非將老師的繪圖和板書加以複製而已……此外，

> 描繪出圖的特性並為它們做出說明也很有趣……（七年級學生數學筆記本某頁，2018）

據此，親師生或許更能看到學生學習的軌跡，也提供相關利害關係人反省數學教學歷程，甚至大部分教師（不僅數學科）也都將筆記本書寫作為評量項目之一，足見師生對於筆記本的重視甚於單一版本教科書之運用。

整體來說，芬蘭課室並非不強調使用參考書或教科書，事實上，在班上仍列有多個版本的數學書籍隨時備用，惟可以確定的一點是，師生不過於依賴這些書本，在不膠著於單一學習資源方式和來源下，他們更重視的是培養主動學習的精神，然此也相當倚重於教師專業教學設計能力、多樣化學習資源的無償提供且易於取得等。

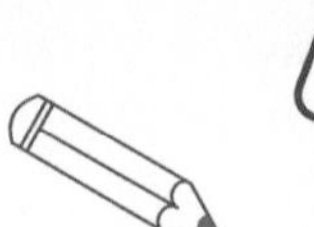

3

正式課程篇

科學課室——鼓勵對外界事物產生好奇並轉化為問題的環境研究課

對這些不斷浮現而出的「滾雪球問題」問題，R師沒有給予明確指引，卻是讓學生直接透過實驗來發現答案，放眼望去，學生對試驗樂此不疲、一試再試，幾乎也都快將紙燒盡了。R見此狀，卻又再問：「若是將色紙換成是裝著水的水桶呢？」學生一聽，似乎心裡有數，於是，又開心地提著水桶裝水去，少數人也拿來了溫度計，整個院子就看到一群人這麼忙進忙出，又是火、又是煙、又是水……

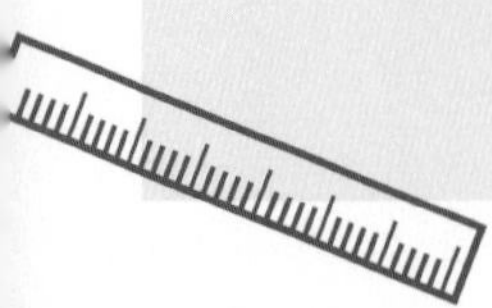

教學任務——尊重自然和尊重人權的尊嚴生活是教學基本原則

環境研究於一－六年級教授，七－九年級則回到分科教學。環境研究是一門綜合性學科，包括：生物學、地理學、物理學、化學，以及健康教育等，自然科學和人文科學的觀點都被整合到環境研究中，蘊含有可持續發展的觀點（FNBE, 2016: 256）。根據芬蘭課綱，環境教育主要教學任務乃在「支持學生與環境建立關係，發展他們的世界觀並成為一個人」、「指導學生認識和理解自然和建築環境、相關現象、他們自己和其他人，以及健康和福祉的重要性」等（FNBE, 2016: 257）。基於此，在一－二年級，教學任務是通過解決問題和基於遊戲的研究任務，激發學生對周圍現象的好奇心和興趣，學生還需要練習分析和命名；在三－六年級，教學任務是引導學生了解自己的成長和發展，透過解決問題和研究任務來加深他們對周圍現象的興趣，最終也能反省不同知識領域的特徵。課綱指出，一－六年級的環境研究教學可組織為單元（unit）來進行，讓學生去檢視周遭世界、自身，以及作為社會一員的行為。

關鍵內容領域——包含生物學、地理學、物理學、化學及健康教育

這裡將以一間四年級課室教學為例。根據課綱，環境研究關鍵內容領域共有六項，包括：作為一個人（Me as a human being）、在日常生活情境和社區中採取行動（Acting in situations and communities of daily life）、探索多樣世界（Exploring a diverse world）、探索環境（Exploring the environment）、自然的結構、原理及循環（Structures, principles, and cycles of nature），以及建造永續未來（Building a sustainable future）。

芬蘭課室實況觀察

實施時間	二〇一八年五月一節
班級／學科	四年級／環境研究
學習單元	光
任務名稱	到院子進行「利用凸透鏡來燃燒紙張」實驗
教學目標	O17 to guide the pupil in exploring, describing, and explaining physical phenomena in daily life, nature, and technology and constructing an understanding of the law of conservation of energy
上課形式	全班一起上課

學校最資深的R師

R師教學資歷超過三十年，是個案學校最資深教師，同時具備候用校長資格，我在個案做研究時其職位有二，一是副校長，另一則是四年級芬蘭語班的級任導師。由於身任兩個要職，每天，他幾乎是第一位抵達學校者，他時常在樓與樓、棟與棟之間來回，每當我見到他時，他總是汗流浹背。

他指出，行政上，他的職責是作一名稱職的校長代理人，在教學上，便是引導學生學習的老師，然而，即使他已相當忙碌，但在許多場合如Gala等，他仍熱情地自願參與表演，對於校園生活，他始終非常投入。

課程設計包含「延伸研究」

當R師在進行某些課程如環境研究、數學之教學設計時，通常會與四年級英語班導師T一起備課，是以，兩班所使用的學習材料是相近的、可互通有無的，教學內容是一致的，但基於學生學習的速度不一，兩班教學進度會不太一致，教學評量也會分開處理。

根據兩位老師的教學計畫，這學期有一以「光」為主題的課程，將帶領學生進行主題學習與延伸研究。他們打算先複習之前三年級學過主題如「彩虹」、「光的直進／反射／折射」等，然後才進入新單元「透鏡」學習。R師提到，此以「光」為主題課程未來還能銜接起八年級「光的傳播」單元，內容包括：光的直進與針孔成像實驗操作、光的反射與各種面鏡成像現象觀察等。

三年級學過光的基本性質……透過實驗知道光有直進、反射與折射的現象……相信他們還記得……（訪R師，201805）

之前有提到彩虹，R有講到光有色散的現象……（訪四年級學生，201805）

R老師提到，通常他們的教學設計都會包含有「延伸研究」，設置此主要目的是為下一次相關的主題課程做出鋪設，先引起學習興趣。然而，這一部分的學習並不在總結性評量裡，也不在鼓勵學生投入很多時間鑽研，主要是讓學生知道還有更深更廣的課題可以學習，是以，為每一次的主題學習留下可持續探究的線索一直是教師們的共識之一。以此主題課程設計「光」為例，在延伸研究部分，教師將以貼近真實生活經驗為主，鼓勵學生多舉例運用光反射性質所設計出的日常物品如後照鏡等，以及因為光的折射所產生的筷子斷裂的現象觀察等。

有陽光！今天做實驗！

一天，R師匆匆忙忙地經過教室，他見到我便說，因為今天有陽光，他和學生臨時決定要到院子進行「利用凸透鏡來燃燒紙張」實驗，他知道我正觀察這門課程，便問我是否一起去。

我與他先一起回到教室，由於當時尚未上課，學生還在院子遊戲，R師顯然是要先將工具備妥，包括：色紙、放大鏡、水桶、溫度計等，我協助他一起準備，聽到他一邊說著今天天氣很適合做此實驗，還提到在芬蘭的作息常常需要跟著天氣的變化跟著轉變……最後，他則笑說，這讓他們的教學一向充滿彈性。

帶妥工具後，我隨他一起下樓來到院子，幾個孩子見到他手上拿有這麼多的工具似乎都很興奮，少數便直接拿起放大鏡把玩。

R師：	你們不應該直接取走（放大鏡），我還沒有同意。
	（學生W看著旁邊已取走放大鏡的同學E）
學生W：	喂，你們不可以自己拿走……
	（學生E正拿著放大鏡假裝對著太陽照）
學生W：	天啊，放大鏡聚焦，會使你的眼睛受傷……
	（學生E假裝眼睛受傷）
學生E：	喔，我的眼鏡起火了……
R師：	通通放回來，聽我説明後再開始行動……
	（學生E放回放大鏡）
	（院子觀察，201805）

事實上，在進行實驗之前，大多數學生都已掌握相關原理，即「利用凸透鏡的聚光特性，也就是光線的折射原理，改變了光線的方向，使得整個照射在鏡片的光線集中於一點，便產生了高溫進而使紙燃燒」不過，對於實驗，他們都感到相當期待。

實驗中的「滾雪球問題」（Snowball Questions）1

前幾堂課，由於R已介紹過透鏡基本性質，學生知道透過凸透鏡可以放大並利用它的特性將「太陽光」聚光聚熱，然而，即便如此，當他們親見紙張在手上燃起的那一刻，依然相當興奮，而在院子裡呼叫起來。

不過，很快地，學生也開始有進一步的好奇，例如：哪一種顏色的紙張最快燃燒？放大鏡與紙張之間距離與紙張開始燃燒時間的關係如何？

我發現紙張的顏色越深，紙張開始燃燒所需要的時間越短……（訪學生Y，201805）

放大鏡放離紙15公分的效果比8公分好……紙張很快就燒起來了。（訪學生W，201805）

譯注：

1　此用語本來是我自己觀察紀錄時所用，後來變成了我與師生溝通的用詞。其意旨「所提出的新問題本身與舊問題之間具有一定程度的聯繫，即新問題可能是在理解舊問題之後或尚未理解舊問題之前又進一步提出的探問」。

對這些不斷浮現而出的「滾雪球問題」問題，R師沒有給予明確指引，卻是讓學生直接透過實驗來發現答案，放眼望去，學生對試驗樂此不疲、一試再試，幾乎也都快將紙燒盡了（如圖1）。R見此狀，卻又再問：「若是將色紙換成是裝著水的水桶呢？」學生一聽，似乎心裡有數，於是，又開心地提著水桶裝水去，少數人也拿來了溫度計，整個院子就看到一群人這麼忙進忙出，又是火、又是煙、又是水。

圖1　學生進行「利用凸透鏡來燃燒紙張」實驗

資料來源：作者

回到教室討論並一起寫筆記

當學生實驗告一段落，約僅剩半節課時間，這時，R讓學生回到教室進行分組討論並紀錄發現。

學生回到教室後先自行調整好位置、相互靠近，接著取出筆記本，一邊書寫也一邊討論（如圖2）。有些學生因一起做實驗，很快地便有共識，只需要紀錄下來，有些不同組別則會進一步地比對彼此的資料。例如，紅色紙和橙色紙哪一開始燃燒所需要時間較短？時間是多少？當放大鏡與紙張之間距離越遠時，紙張開始燃燒所需的時間便越短？

在同一時間，R也將自己的研究結果寫在白板上（如圖3），他先寫下了幾個數據。此外，這學期，因班上轉來的兩位印度學生不諳芬蘭語，他便同時以芬蘭語和英語來表達。

實驗時的Data Integrity——「重要數據」的紀錄

R完成筆記之後，也開始環視學生做筆記情形，他發現，學生的書寫內容如凸透鏡具聚光特性、顏色越深紙張吸熱越快……等，多有掌握住學習重點，更多是與他一樣同時以圖文呈現實驗的歷程（如圖4）。

值得一提是，R也特別向學生提到自己筆記內容與學生較不同之處。他指出，進行實驗時應注意對「重要數據」的紀錄，實因數據能用來進行一些假設驗證。他以白板上所寫「23°C→45°C」、「19°C→28°C」為例（如圖3），指出這讓他有證據可以說明利用光線的折射原理使得整個照射在鏡片的光線集中於一點而能使水溫升高。

圖2　學生回到教室後一邊討論一邊寫下實驗結果

資料來源：作者

圖3　R在白板上寫下自己的研究數據

資料來源：作者

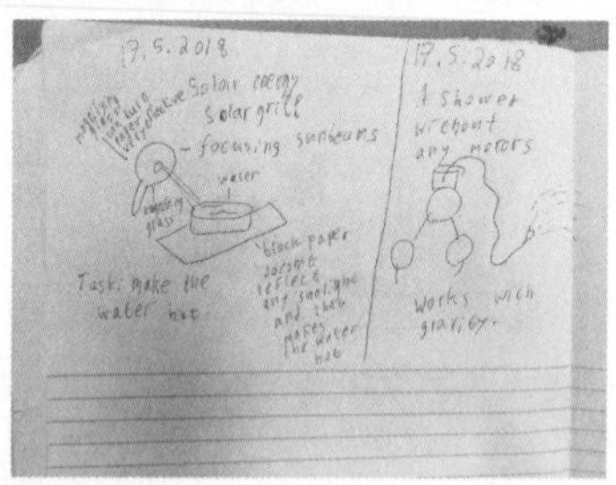

圖4　剛轉學來的印度學生的筆記內容

資料來源：作者

4 正式課程篇

科學課室——包含以田野的方法來檢視學習內容的生物課

生物老師建議學生在回答問題時也能不忘連結回到本土的環境生態探索，是以，當學生在探究第二和第三個問題時，多以芬蘭本土具有多樣化生態環境為例……學生指出，芬蘭境內有海洋、森林、高山、湖泊等，一座森林即一個生態系統，一個水域也是一個生態系統，若再加上夏季高溫達三十度以上，冬季氣溫又可低至零下四十度左右，還有極光、永晝、永夜等特殊景象……

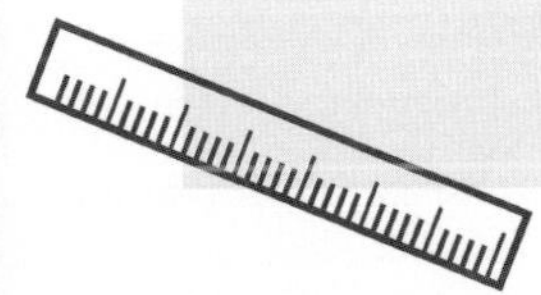

教學任務——透過基於探究的學習來理解生物學

根據芬蘭課綱，生物學於七－九年級教授，其主要教學任務乃在「幫助學生了解生命及其發展」、「提高學生對自然的認識和知識」，以及「指導學生了解生態系統的運作、人的功能、遺傳和進化的原理」等（FNBE, 2016: 408）。基於此，生物學的教學任務是在幫助學生了解如何在自己的生活中、在道德反思中，以及在關注與生物學有關的最新消息時應用和利用生物學的知識和技能，也包括它如何影響社會決策。

關鍵內容領域——生物知能、生物學習方法、環境意識

這裡將以一間八年級課室教學為例。根據課綱，生物學關鍵內容領域共有六項，包括：生物學研究（Biological research）、自然和周圍環境的田野考察（Field trips to nature and the surroundings）、生態系統的基本結構和功能（The basic structure and function of an ecosystem）、什麼是生命（What is life）、人類（The human being），以及邁向永續未來（Towards a sustainable future）。

芬蘭課室實況觀察

實施時間	二〇一八年八月至九月 每周一節
班級／學科	八年級／生物課
學習單元	生物與環境——生態系統
任務名稱	1. 掌握生態系統的概念及其組成成分 2. 掌握食物鏈的概念及其特點 3. 到墓園踏察生態環境
教學目標	O1 to guide the pupil to understand the basic structure and functions of the ecosystem as well as to compare different ecosystems and recognise species O9 to guide the pupil to compile a collection of organisms and grow plants in order to understand biological phenomena O10 to guide the pupil to conduct research both in and outside of schoo O12 to inspire the pupil to deepen the interest in nature and its phenomena and to strengthen his or her relationship with nature as well as his or her environmental awareness
上課形式	兩班制

生物老師也是地理老師

生物老師B為女性，教學年資15年以上，同時也是地理老師。在芬蘭，地理被包含在科學學科中，主要因為該科源於自然地理學（physical geography）（Niemi, Toom, & Kallioniemi, 2012）。相較於其他老師，B師沉默少言，但一到專科教室上課時，卻又顯然相當熱情，有學生指出，生物老師「有點嚴肅又不會太嚴肅」。

然而，在每次的教師共備時間，B卻是最常發言班級事務的教師之一，她重視親師生與行政溝通管道的暢通，惟有時也因協商不如理想而顯得失望。我以為，她是一位真性情教師，喜怒哀樂常坦然表現。

在個案學校，七至九年級的生物科和地理科大多由B老師教授，每周各一節，地理科是全班一起上課，至於生物科則是兩班制上課。

「生態系統」入門三問

關於「生態系統」學習，根據B師的教學計畫，她擬引導學生透過對生產者、消費者、分解者之間關係的理解與分析，了解生態系統的概念和其生態保持平衡的重要意義。

關於「生態系統」學習的開端，B師先在黑板上列出三個問題，包括：

1. 定義生態系統
2. 誰是 a）生產者，b）消費者，c）分解者，它們彼此之間關係如何？
3. 看看周遭，你有注意到或看到什麼生態系統嗎？

他讓學生取出筆記本並寫下問題，同一時間，B師也問是否有人願意先提出看法，少數幾位學生舉手，老師便請其中一位發表意見。

B師：	什麼是生態系統？
學生U：	有關水生（aquatic）、葉子、生物……
B師：	芬蘭有什麼特殊的生態系統？
學生Y：	北極針葉林、湖泊、無數島嶼……
B師：	政府最近提到藍色經濟（blue bioeconomy）[2]……你們知道這是什麼嗎？
	（大家搖頭）
	（課堂觀察，201808）

什麼是「藍色經濟」？對此，生物老師並未多做解釋，僅提示這是一與水資源相關的經濟發展和環境保護議題，也是芬蘭政府最近討論的焦點，鼓勵學生可進一步理解。緊接著，B師讓學生探究上述問題，是以，學生又取出電腦或手機連線上網、輸入關鍵字，開始進行相關資料的搜尋。

基於探究的學習協助獲取「生態系統」特性

根據課綱，學習生物強調透過基於探究取向（inquiry-based）的教學，以田野或實驗室工作的方法來檢視自然，重視體驗與實驗式學習的樂趣，同時，也鼓勵應用ICT於教學中。就此，B師轉化課綱內容，將單元「生態系統」學習分為兩大部分，一是先讓學生透過資料蒐集探索生態系統相關定義和內涵等，另一則是師生實地考察自然和周圍環境。

在第一部分，學生必須先認識什麼是生態系統、有哪些重要概念，學生以電腦或手機等為工具進行資料蒐集，並與同學相互討論所找到資訊等。對此學習歷程的表現，老師建議筆記書寫、剪貼資料或手繪圖案為佳，藉以加深印象。

以「定義生態系統」為例，根據觀察，學生的作答情形有簡答也有詳答，茲舉兩位學生的應答情形如下：

（定義生態系統）

包含生物與非生物的世界，以及它們彼此間的交互作用（學生Y筆記本，201808）。

生態系統是一個包含一個特定區域中所有活生物體（生物因子）及其物理環境（非生物因子）和其交互作用的系統。它由植物、礦物質、水源，以及當地大氣相互影響而組成……（學生G筆記本，201808）。

兩位學生指出，當她們在探索「定義生態系統」時，會先檢索一些對於「生態系統」的見解，並在這些不完全相同版本中找到相同的關鍵字或相同概念，例如，他們

譯注：

2 芬蘭在2016年制定「藍色經濟的國家級發展計畫」，願景是要確保芬蘭到2025年時，可以藍色生物經濟為其優勢強項，並取得工業發展和水域環境保護兩者間的最佳平衡。對此計畫感興趣者可進一步參閱 https://mmm.fi/en/research-and-competence。

均指出「生物／非生物」和「相互作用」是「定義生態系統」的幾個關鍵字，這時，只要再理解定義背後的意義就可以「定義生態系統」。

從入門問題至「還想要認識葉子、樹、菇類」

由於B師建議學生在回答問題時也能不忘連結回到本土的環境生態探索，是以，當學生在探究第二和第三個問題時，多以芬蘭本土具有多樣化生態環境為例（尤其是第三題）。學生指出，芬蘭境內有海洋、森林、高山、湖泊等，一座森林即一個生態系統，一個水域也是一個生態系統，若再加上夏季高溫達三十度以上，冬季氣溫又可低至零下四十度左右，還有極光、永晝、永夜等特殊景象……

學生T：	你認識多少種類葉子？
學生K：	樺樹枝（Birch twigs）[3]是一定要知道……
學生T：	喔，那是一定的……
	（T舉手向老師提問）
學生T：	我們可以認識一些不同葉子嗎？

B師：	當然……你們可以自己找資料……
學生T：	我查到很多圖片，可以印出來嗎？
B師：	好啊，給我檔案……也許也可以印給大家……
	（T點頭）
	（課堂觀察，201808）

當學生在進行這些主題探究時，大多是透過自學和相互討論方式來學習，他們交替使用電腦、手機、平板、參考書籍等，較特別是，他們也被鼓勵透過剪貼圖文或親手圖案方式來促進學習理解。例如，當T提出意圖進一步認識樹葉，師生便一起複印了參考書上一系列樹葉圖片，並將資源分享給大家，後來，更有其他同學也陸續提到了樹、菇類等。

當大家一起認識這些圖片的同時，也親手剪貼這些圖片並將其黏貼於筆記本上

譯注：

3 傳統芬蘭桑拿浴中，帶有樹葉的樺樹枝條通常會成綑被拿來拍打身體以使肌肉放鬆、促進體內新陳代謝

（如圖1），B師提到，此不僅可幫助圖文同時連結、真實學習，也為後續的第二部分學習——實地考察自然和周圍環境、真實認識「生態系統」做出知識奠基。

引導學生彙編一系列包括自己感興趣的主題學習

根據B師的規劃，這學期她打算安排至少兩次「實地考察自然和周圍環境」，第一次在九月初，第二次則在學期末。在她所規劃以探究為本教學中，除了透過簡報、影片、文獻等方式引導學生進行較具深度學習外，學生必須進行田野參訪以了解所學內容，而此正也是課綱所強調。

較特別是，在學期初，B師雖決定有該學期授課大綱，但事實上，B師一直關注學生的學習進度和理解情形，然後從中回到調整自己的教學進度，甚至更新

圖1　透過剪貼葉子圖案來認識葉子

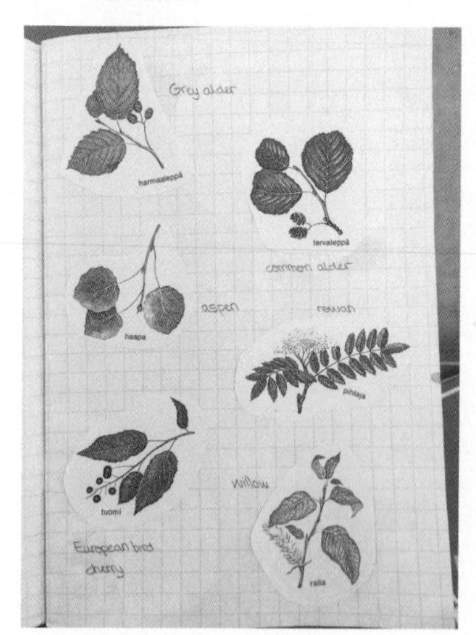

資料來源：作者

主題學習內容。直到學期末，師生所探究的主題有：

- 不同的樹和灌木（Different Tree and Bushes）
- 樹木（Trees）
- 菇（Mushrooms）
- 植物的構造（The structure of a plant）
- 花的構造（The structure of flowers）
- 植物細胞（Plant cells）

在這些學習主題中，有些來自B師對學生學習「生態系統」觀察後所提出。由於她發現多數學生對某些主題感到興趣，在權衡之後，便將其直接增添在學期計畫上，例如：不同的樹和灌木、樹、菇等。事實上，這些內容也涉及其他生物單元如地球上的生物、生殖等，對此，B師以為在遵循課綱下，學習內容的次序排列乃富有彈性。

此外，B師也提到，在學習生物時，學生要有整理所蒐集資料並將其彙編成篇的能力，是以，她也教導學生如何整理與分析資料。例如，圖文並茂的筆記能促進學習理解，便是她常對學生強調的要項（如圖2）。

以田野的方法來檢視「生態系統」學習

對於師生來說，生物學習本包含以田野的方法來檢視學習內容，換言之，森林、公園、墓園、湖泊、國家公園等均提供豐富學習資源，師生透過親訪可檢視所學，也能理解各種生物在生態系統中的多樣性和重要性。

這天，B師安排戶外生態訪查的地點為距離學校不遠的墓園，走路約十分鐘便能抵達（如圖3）。對個案學校多數學生來說，他們多住在附近，墓園已是社區的一部分，學生對它顯然也相當熟悉。

> 這裡春夏天也很美……有很多種花，像Päivänlilja、Alppiruusu ……（訪學生S，201809）。

圖2　學生G的生物筆記

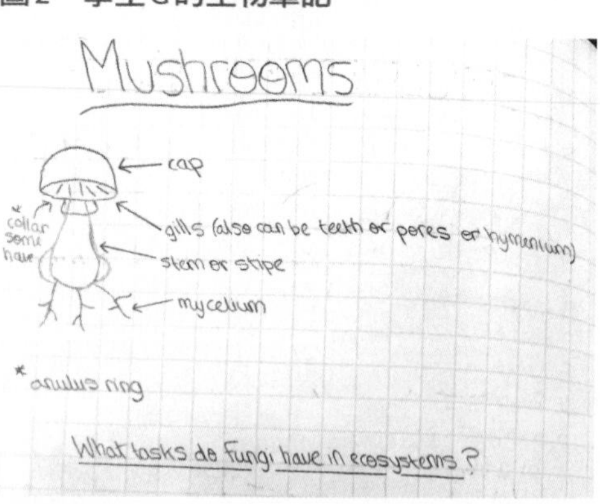

資料來源：作者

> 一隻小鳥從我頭上飛過，降落在松樹的樹幹上，緊緊抓住要吃的東西……這就是我們學的食物鏈……（訪學生S，201809）。

為何這次的訪查地點選擇在墓園？B師指出，由於即將進入冬季，此時，正是認識墓園生態的好時機，因為在墓地中，當雪開始融化並進行大量清潔和復原工作後，護理季節正要開始時，那時候的墓園又將是另一種生態樣貌了。是以，根據她的規劃，讓學生在四季、雪前雪後各參訪至少一次，屆時還能進行生態環境的比較分析。

事實上，學生在B師所教導的地理課也常外出進行實地探查，B師在解說地理知識時會帶入一些生物學知識，在談論生物現象時也會融入地理知識，這讓學生時常有機會可以整合此兩科知識，具跨領域

圖3　師生到墓園實地探查生態環境

資料來源：作者

學習的效果。

觀察外一章：一定要做此實驗嗎？

下課時間一到，我協助Ｒ一起收拾教室時，便請問他：「那麼，一定要做此實驗嗎？」

實驗和科學之間關係密不可分，有些實驗艱難又耗時，卻使人茅塞頓開，有些實驗過於簡單基礎，使人覺得索然無味。然而，到底怎麼樣的實驗值得進行？哪些實驗其實無須大費周章、親身經歷？我很好奇Ｒ有何規準或看法。

Ｒ聽聞之後，先是思考了一下，便接著說，若有機會做實驗，他一定讓學生做實驗，不過，他也指出，若學生僅是跟隨他所設計的流程一步一腳印去「做實驗」，那就失去了「做實驗」的精神，因為學生並沒有提出自己關心的問題，無質疑和探究的精神，只是反覆重複著標準程序而已。

Ｒ還特別使用了我與他交流時所提到的「滾雪球問題」這個用詞，他說，若學生在實驗過程中能提出自己感興趣的問題來，並設法找到答案，那麼，這個「做實驗」的時間和體力就一定不會白費。

此外，R也指出，透過「做實驗」確實較有機會達到對知識的深層理解。他以前文提到的那位剛轉來印度學生筆記為例，指出該生透過圖文呈現他在此實驗中所學到的知識，尤其從圖畫中悉知，他在實驗過程中似乎還曾嘗試將黑紙放在瓶水下方以提高水溫的試煉，這些誠實、完整而直白的實驗歷程，也為學生的學習促進較整體理解。

據此，如何讓學生能持續朝向這個方向呢？R師笑著說，不讓他們做實驗怎會知道他們會如何呢？所以，「能做實驗的時候，就讓學生做實驗吧！」他肯定地說。

5 正式課程篇

藝術課室——強調從做中學的視覺藝術課堂

在視覺藝術課，對於此跨領域課程方案，有更多時候，學生幾乎是以做中學和自學方式下完成階段性學習，包括：利用不同的視覺製作方法進行實驗和練習、瞭解不同應用軟體優缺、進行配樂處理（剪輯音軌、配樂剪接）等，鮮少由視覺藝術教師一步驟、一步驟地引導操作、依樣畫葫蘆。此外，由於視覺藝術老師的教學保持了彈性、重視個殊性，以及鼓勵學生回頭思考個人挾帶進入教室的文化背景或過去學習經驗等，這讓他們最後拍攝出來的影片內容多元且多樣，學習層次之豐也令他們自己本身驚艷……

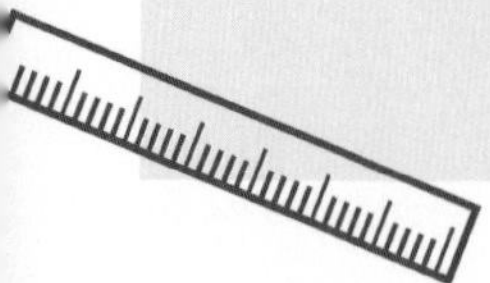

教學任務——瞭解藝術來自不同文化觀點

根據芬蘭課綱，視覺藝術課主要教學任務乃在「引導學生透過藝術的手法去探尋與表達多樣面向下的文化現實」、「提高學生理解視覺藝術的現象、環境，以及其他形式視覺文化的能力」等（FNBE, 2016: 458）。基於此，在一－二年級，視覺藝術教學主要引導學生運用心智圖像、視覺藝術概念，以及視覺創作的方法，透過做中學（Learning-by-doing）和遊戲（playfulness）方式持續學習藝術；在三－六年級，視覺藝術教學主要引導學生擴大個人與視覺藝術和其他形式視覺文化的關係，鼓勵用不同的視覺製作方法進行實驗與練習，並以目標導向（goal-oriented）的方式發展視覺技巧；在七－九年級，視覺藝術教學主要引導學生加深個人與視覺藝術和其他形式視覺文化的關係外，也為行動設定具目的性目標，同時增強視覺製作技能，並鼓勵學生在各種視覺環境中積極參與。

關鍵內容領域——涵蓋對自我、周圍環境，以及全世界視覺文化的審視

這裡將以一間七年級課室的「微電影『友誼』拍攝」教學為例。根據課綱，七－九年級視覺藝術科關鍵內容領域共有三項，包括：學生自我的視覺文化（Pupils' own visual cultures）、環境視覺文化（Visual cultures in the environment），以及視覺藝術世界（The worlds of visual arts）。

芬蘭課室實況觀察

實施時間	二〇一八年一至四月 每周兩節（連續）
班級／學科	七年級／視覺藝術課
學習單元	視頻與電影
任務名稱	拍攝短片／紀錄片／動畫
教學目標	O3 to inspire the pupil to express his or her observations and thoughts visually using different tools and modes of producing knowledge in different environments O5 to guide the pupil towards an exploratory approach to independent and collaborative visual work
上課形式	全班一起上課

年度跨領域課程：微電影「友誼」拍攝

每年春夏交際，芬蘭的國際電影節（National film festival）登場，此時，一針對8至19歲學生公開徵選拍攝微電影計畫All Picture Contest也同步展開。此比賽主要目的在鼓勵學生發揮所學與創意，做一「創意拍攝者」，許多學校會將其作為正式課程的一部分，在課堂上引導學生拍攝影片、帶領學生一同參與，此賽事在芬蘭境內常造成風潮，堪稱是年輕學子一展長才的好時機。

視覺藝術老師指出，每一學年度，學校會將此計畫進行調適後做為正式課程之一，對師生來說，「微電影拍攝」被視為是一跨領域課程與教學，所涉學科主要包括：視覺藝術、音樂、芬蘭語、英語四科（今年特別加入英文科）。在開學前，四位學科教師已先針對此計畫進行共同備課，他們先檢討過去一年此計畫在校內運作情形，然後再調適是否有可增加或刪除之處，在開學後便直接實施。

今年度，微電影拍攝的主題訂為「友誼」（Friendship），對學生來說，此主題相當貼近真實生活，根據生活經驗或許多文本故事閱讀中，都易於想像發揮，由於對主題感到親切、有趣，學生也都感到躍躍欲試。

此一多學科取向的課程統整，四位學科教師所擔負的主要任務各不相同：對視覺藝術科教學來說，主要任務在於協助學生學習攝影軟體、安排角色服裝、熟悉拍攝技術等；對音樂科教學來說，其主要任務在於協助學生為影片創作配樂；對語文科教學來說，其任務主要在於協助學生咬字發音、語言句法結構完整等。

此跨領域課程在校內的學習時程自一月至四月，校外主辦單位於四月底停止收件，屆時，學科教師將各自針對學生學習表現進行評量，而主辦單位會在五月進行評審與頒獎。關於此賽事之整體規劃時程，茲整理如圖1。

圖1　多學科取向統整課程：微電影「友誼」拍攝之時程與比賽規則

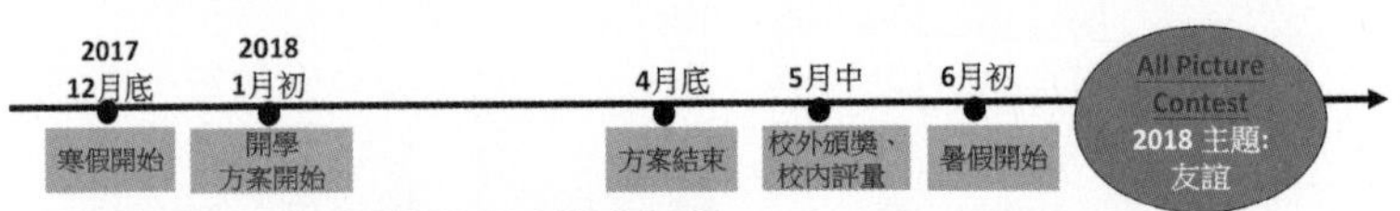

- 為何做(WHY)—透過跨領域教學達到七大橫向能力目標
- 誰策劃(WHO)— 師生共同策劃，主要學科學習範疇在視覺藝術、音樂、芬蘭語、英語四學科
- 如何做(HOW)、做什麼(WHAT)—直接參與國際電影節(National film festival)舉辦的電影拍攝比賽
- 何時做(WHEN)—從2018年 1月到 4月底

◆ 國際電影節(National Film Festival)影片拍攝參賽規則
- 參賽對象以8-19歲學生為主
- 片長約3分鐘

◆ 學校內部追加的比賽規則
- 一般基本規則: 英語發音搭配芬蘭語字幕/芬蘭語發音則搭配英語字幕、自創配樂
- 主要學科學習內容
  - 視覺藝術科: 影片軟體、角色服裝、攝影技術
  - 音樂科: 創作曲子(後來延伸至認識智慧財產權)
  - 英語科: 句子時態、文法、一般對話
  - 芬蘭語與文學科:句子時態、文法、一般對話

芬蘭語與文學科
英語科
All Picture Contest
2018 主題:
友誼
音樂科
視覺藝術科

來源：作者自行整理

赫爾辛基是一藝術城

在芬蘭，視覺藝術廣泛地受到重視，這可由赫爾辛基林立有多間博物館、美術館、科學館、藝術中心足見一班，然而，即便如此，芬蘭的視覺藝術創意仍源源不絕，二〇一八年，Amos Rex藝術博物館（Amos Rex Museum）正式開張，其奇特建築外觀、諸多人文創新元素也吸引了市民和世界討論，更被ＢＣＣ選為二〇一八歐洲最具創新性的新建築空間之一。

根據芬蘭教育與文化部（The Ministry of Education and Culture），視覺藝術包括：繪畫（painting）、雕刻（sculpting）、圖形（graphics）、攝影（photography）、媒體和卡通藝術（media and cartoon art）、藝術和手工藝（arts and crafts）、表演和地區為本藝術（performance and location-based art）[1]。在芬蘭，凡18歲以下學生進出博物館皆無須付費，學校師生更時常至博物館和美術館參訪，透過參觀展覽、探索藝術，以及實作體

譯注：

1　詳細訊息可進一步參考芬蘭教育與文化部官網https://minedu.fi/en/visual-arts

驗等多元方式，來學習視覺藝術，芬蘭人重視視覺藝術並以行動直接參與，其精神也完整地縮影於學校課室教學中。

受學生歡迎且重視的視覺藝術課

以個案學校來說，學生自小便受到鼓勵親近藝術，透過體驗、鑑賞、模擬，以及手作等方式，來認識與了解藝術，甚至大膽創造藝術。學生期待視覺藝術課堂的情意，就像熱衷於探索博物館一般，若說視覺藝術作為學生生活中的精神糧食，那麼，視覺藝術課室便是他們的精神堡壘，視覺藝術老師就好比精神導師。

視覺藝術老師是一教學資歷超過二十年的女性教師，性格開朗、熱情朝氣，同時也善於與他人溝通。在教學上，她常鼓勵學生發揮想像力、勇於創新創作，同時不忘提醒在創作中怡情養性、享受歷程，她常對學生說的話便是「享受它！」（enjoy it!）令人印象深刻。

即使擅於傳統藝術，但視覺藝術老師本身卻偏愛結合科技、再創傳統藝術，是以，她的作品常帶有一點傳統與現代之間巧妙融合的未來感，很能引起學生目光與討論。她常告訴學生，創作時不忘自己的所欲與個人特色，但卻也不必自我設限，她的談話與教育哲學透過藝術品的創作同步彰顯於外，其以身作則的行動也引起學生相當好感。

她常對學生說：「喔，寶貝，做得很好！但你可以更有創意去做你自己的東西……」、「喔，你的（作品）色彩真豐富，這是你的特色……」，由於親和力十足，加上她相當重視學生來自不同文化背景，這讓學生對她教學中蘊含有對人性關懷的基調常有感受。是以，不驚訝地，當七年級生為八年級課程進行選修時，視覺藝術課如預期般地「爆班」，這也使得視覺藝術老師不得不開設兩個班次才暫時解決了這個問題。

兩個主要探究問題

關於此跨課程課程『微電影「友誼」拍攝』的起步，師生是從視覺藝術課開始。課堂上，視覺藝術教師先發給學生她自行編寫的學習索引（共四頁），這些索引主要是根據她過去指導學生學習後重新設計，主要讓學生能抓住學習任務的要點、達到學習目標。在學習索引首頁，她清楚標示了單元與任務內容，並提出兩個探究問題：

1. 如何在電影中呈現出一個具有視覺效果的故事（How to tell a visual story in the

medium of film）？

2. 如何以團隊形式計劃和製作短片（How to plan and create a shortfilm as a team）？

學生在自行分組後，學習旅程正式展開。根據過去學習經驗，學生多從做計劃開始，至於他們所思考的範疇和內容，也就是拍攝影片應注意的幾個要點，則多依賴老師在學習索引上所列的幾個項目，包括：

片名：

製片公司：

製片團隊成員：

編劇（發想於／發展於）：

分鏡腳本（storyboard）：

導演：

演員：

燈光照明：

聲音效果：
剪接：
場景設計：
服裝設計：
化妝：
音樂：
特殊效果：
酒席提供或其他：

事實上，對於班上多數學生來說，「拍電影」是「有點難又不會太難」的任務，原因是在過去低年級時，他們也都有過相似的學習任務，只是當時多由老師一步一步地引導，現在則是由自己全權負責規劃與執行。

（關於第一個探究問題）

我們這組先將找到一部影片，然後靜音觀看，看看演員們演什麼……或許會有靈

感跑出來……（學生E，201803）

（關於第二個探究問題）

我們先分成兩人一組，上網看幾支影片……了解一下電影拍片的專有名詞……找看看是否有一些受歡迎的拍攝軟體……（訪學生G，201803）

在此班級中，基於個人興趣因素，少數學生其實已有很好的攝影技術或影像後製技巧，這讓他們在進行此任務時顯然較得心應手，也受同組組員模仿學習。例如，學生H一直很喜歡視覺藝術領域，尤其是在結合科技上，她指出，自己從小就喜歡透過自學來編輯影片或圖像，對於基本剪輯、上字幕，以及簡易轉場等都甚有心得。是以，當其他同學在了解一些專業術語和意涵時，她已與視覺藝術老師在討論與分析幾款當前受到普羅歡迎的編輯影片應用軟體優缺，也一邊摸索（如圖2）。

圖2　學生H免費試用影片編輯軟體

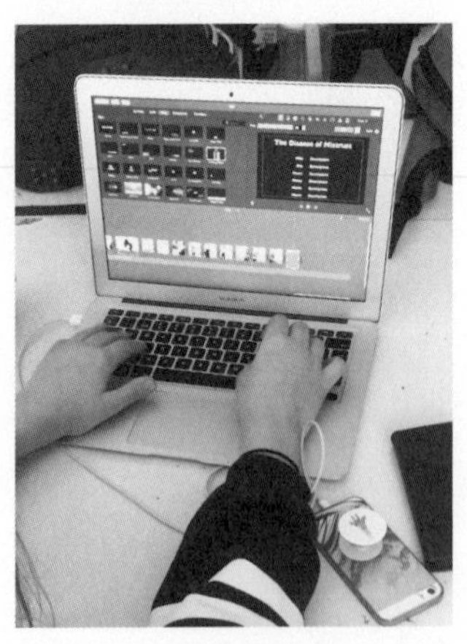

資料來源：作者

有缺乏，「我們一起學」

微電影「友誼」拍攝方案是由多位學科教師合作的跨領域課程設計，但顯然地，此計畫是以拍攝一部影片為主，學習應用軟體、選擇合適服裝，以及熟悉攝影技巧等，均是此課程方案的學習要項，而此部分學習內容又正好由視覺藝術老師擔任主要引導，是以，在課堂上，常見視覺藝術老師為因應學生的不同需求而忙前忙後。

（老師察看學生影片毛片）

視覺藝術老師：	你們想加一點趣味嗎？要不要試試一些特殊功能？像「來回播放」或「慢動作」……
學生S：	我們有學，但沒用上……
視覺藝術老師：	或許可以試試看它的效果，看看是否符合期待？
學生D：	好……
	（課室觀察，20180328）

（隔一周，老師再度察看學生影片）

學生S：	這個畫面「循環播放」的效果比「來回播放」好，我們決定採用前者。
視覺藝術老師：	畫面變得有趣多了……但每個畫面之間的音樂似乎沒有銜接？
學生A：	還沒，因為我們還要調整一個畫面……
	（課室觀察，20180404）

視覺藝術老師指出，此年度盛事微電影「友誼」拍攝之課程籌劃看似以視覺藝術科為中心，但她並不標榜自己為此跨領域課程的領航者，她以為，所有學科老師都可以是學生的指導者，但在應用軟體教導上，她則擔綱主責，「這是我該做的事，當然，我也教學生有他自己該做的事」（訪視覺藝術老師，20180404）。

事實上，在視覺藝術課堂，學生處理拍攝影片的各類事情，包括：編寫故事腳本、決定演員、攝影、道具、燈光、錄音、場景選擇或佈置、剪接、配音、特效、合成等，是以，相較其他學科教學，學生會向視覺藝術老師提出更多元多樣的問題，而視覺藝術老師也從不吝於展現所知，有時，她也會在音樂或編劇上給予建議，她和學生的互動頻仍，學生似乎也較依賴她的評估與回饋。

然而，關於應用軟體的選擇，有些學生顯然未與師長有過多的討論便自行決定，但當他們在處理介面或功能上操作遭遇困難時，除了嘗試回過頭來理解問題外，也會尋求視覺藝術老師的協助。此時，若老師對此軟體不夠熟悉、一時之間無法立即回應時，她也會非常坦誠地說：「這個我還不會，你可能要再思考一下，或給我一點時間……」（課室觀察，20180404），這似乎也傳遞了一重要訊息——科技日新月異，師生都在不斷地學習。

「還是你選擇西班牙語？」

如前所提，視覺藝術老師重視學生來自不同的家庭文化背景，對於藝術形式和內容的理解與偏好可能會有不同視角與觀點，是以，對於學生們的創作和發想，她一直鼓勵大家保持開放心胸，而她本身也是一身體力行者。

例如，當師生進行教學時，教學經驗相當豐富的她，對所選擇的教學內容或方法會稍加留意，她注意內容面向的廣度，也混搭有不同教學方式，這是為避免所提供的學習素材或內容過於狹隘或視野單一，她以為，多元開放的資源提供，才有機會讓學生對創作和探索保有新奇感與好奇心。

比較特別是，「打破遊戲規則」也是她的教學信念之一。換句話說，她雖然為課程方案設立了邊界，但她也默許學生能有建設性的破壞（constructive destruction），這讓師生的教學都充滿了各種可能性，而此正是她的教學理念，也讓課室教學處處充滿驚喜與火花。

例如，班上一位原本選擇獨立拍片的學生J對於編寫腳本一事一直感到興致缺缺，這讓她的學習進程開始有些落後。視覺藝術老師發現後，便嘗試與她溝通如何調適此方案內容可以更符合她的學習興趣與需求。這天，老師突然想起她自幼起便隨家人在多國移動、熱愛西班牙語（她在校也選修西班牙語），是以，師生有了以下對話：

視覺藝術老師：	有關劇本語言，還是你選擇西班牙語？
學生：	可以用西班牙語？
視覺藝術老師：	當然，你可以選擇你想要的語言。
學生：	我會考慮，也許西班牙語也許英語……
視覺藝術老師：	寶貝，享受你的方案……

（課室觀察，20180328）

我喜歡西班牙語，因為有很多美好回憶……不過，我也喜歡英語，我之前在新加坡讀過書，那也是很棒的生活……我決定要跟安娜他們一組了，我想還是以英語呈現……（訪學生G，201803）

事實上，這位學生J選擇「獨立」拍片本不在課程方案期待中，但教師對她屢次「打破遊戲規則」仍樂觀其成，教師指出，學生先有學習動機對其本身來說是能持續學習的關鍵，尤其，她能理會並非每一位學生都能在框架裡學習，更何況「她已在學習路上，僅是中途休息而已」（She is already on the road, just taking a break）（訪視覺藝術老師，20180328）。

整體來說，在視覺藝術課，學生是在一種較為開放、受到鼓勵的氛圍下進行學習，而對此跨領域課程方案，有更多時候，學生幾乎是以做中學和自學方式下完成階段性學習，包括：利用不同的視覺製作方法進行實驗和練習、瞭解不同應用軟體優缺、進行配樂處理（剪輯音軌、配樂剪接）等，鮮少由視覺藝術教師一步驟、一步驟地引導操作、依樣畫葫蘆。

此外，由於視覺藝術老師的教學保持了彈性、重視個殊性，以及鼓勵學生回頭思考個人挾帶進入教室的文化背景或過去學習經驗等，這讓他們最後拍攝出來的影片內容多元且多樣，學習層次之豐也令他們自己本身驚艷[2]。

譯注：

2 基於研究倫理（學生所拍影片中有個人影像和資料），無法於此呈現學生作品。若有興趣觀看此賽事之歷年作品，可逕行參閱官方網站 http://kaikkikuvaa.fi/。

6

正式課程篇

藝術課室——一人一樂器重視體驗的音樂教學

一天午後，學生T和其夥伴向音樂老師提議，由於自己這組可能將花費更多心思於攝影軟體知能的鑽研上，但此顯然相對壓縮音樂創作時間，是以，他們建議能否直接從網路下載音樂而不創作樂曲？音樂老師聽聞後，先是思考了一下，接著便說：「你們確定嗎？你們必須考慮清楚……」學生T回應：「……我們可能需要多花點時間研究攝影軟體。」音樂老師接著又說：「若你們決定放棄創作樂曲，我不會完全否定……但下載他人智慧確實有法律問題……答應我，你們必須花一點時間去了解那些問題，然後再做決定……」她語重心長地說。

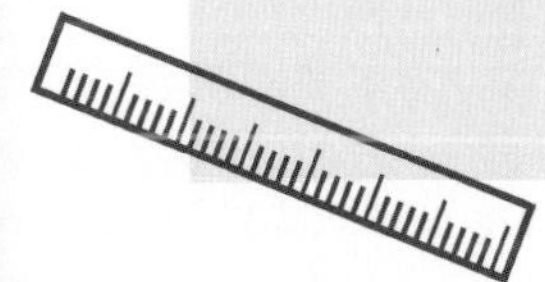

教學任務——為保有音樂興趣奠定基礎

根據芬蘭課綱，音樂課主要教學任務乃在「為各種音樂活動和文化參與創造機會」、「理解音樂在不同文化以及個人和社區活動中的多重含義」、「引導對音樂和文化多樣性的欣賞與充滿好奇」等（FNBE, 2016: 282）。基於此，在一－二年級，音樂教學主要引導學生能夠認識並體驗每位同學作為一名音樂學習者（as a learner of music）的獨一無二之處，以及音樂活動如何帶來最多的歡樂和營造親密感；在三－六年級，音樂教學主要引導學生開放心胸與人交流，創造團結感，同時也能剖析關於音樂的經驗、現象，以及音樂文化等；在七－九年級，音樂教學主要為學生提供擴展其音樂素養和世界觀的機會，引導學生去詮釋音樂的涵義，並建構與音樂有關的情感與體驗等。

關鍵內容領域——從音樂文化到各種流派

這裡將延續同一間七年級課室的「微電影『友誼』拍攝」教學為例。根據課綱，七－九年級音樂科關鍵內容領域共有四項，包括：共同製樂（Making music together）、音樂組成（Components of music）、學生生活、社區及社會中的音樂（Music in the pupil's

life, community, and society），以及曲目（Repertoire）。

芬蘭課室實況觀察

實施時間	二〇一八年一至三月 每周兩節（連續）
班級／學科	七年級／音樂課
任務名稱	微電影創作配樂、認識智慧財產權
教學目標	O7 to guide the pupil to record music and use information and communication technology in creative expression both when making music and as a part of multidisciplinary projects O11 to guide the pupil to take care of his or her hearing and the safety of the music-making and sound environment
上課形式	全班一起上課

經歷生命轉折的音樂老師

個案學校音樂老師是一位教學經驗超過20年的女性老師，常面帶微笑、保持精神、喜歡與學生互動，同時也相當健談。在個案學校研究這一年，她時常關心我的研究進度、主動提供相關資訊，後來較為熟識之後，她更誠摯地與我分享她的生命故事，提及她曾有死裡逃生的生命體悟，卻也因此改變了她今後的人生觀……

身為個案學校七至九年級唯一一位音樂教師，不僅每位學生都認識她，每逢學校舉辦活動或慶典如畢業典禮、Gala、聖誕舞會等，她也總是作為全校師生歌唱或舞蹈配樂的最佳伴奏。對於教學，相較於其他學科老師，她有一特色便是——為了讓學習有更好品質，她相當重視每一學生和每一樂器的最佳狀態，這從她每一次上課後會先要求學生靜心、叮嚀樂器使用規則，以及鼓勵大家手拿樂器享受其中便能知其一二。

音樂老師提及，她重視有人文的音樂，有生命的故事，她不諱言她的觀點因過去死裡逃生的經歷正不斷發生改變，不過，她很確信的一點是，她一直非常熱愛教學，教學似乎也是一種行善，她不忘記要去照顧她有能力可以照顧的人，而教育這份工作正能滿足這樣的期待。

她也是一名企業家

音樂老師對音樂的熱情與對音樂教學的堅持，讓學生不僅敬重她的專業，也能在她所試圖營造的學習情境中朝向真實學習。在一次閒聊時，她向我提到了她與先生合作成立一間企業公司，而她作為負責人之一。乍次聽聞，我感到有些驚訝地回應她：

「芬蘭教師可以兼職嗎？」她聽我這麼說，一臉狐疑地說：「當然，老師也可以有自己的事業！」後來，當她知道臺灣教師受於法制不能在外兼職時，似乎也有所理解地補充說：

只要老師們上完課，下班後就是自己的時間了……課餘才忙自己的事業，應該沒有問題……我們很多老師都有自己的事業……（訪音樂老師，201804）

我定心思考：音樂老師的能力與實力兼備，充滿活力且富有自信，若她專職作為一名企業家的表現一定不會亞於作為一名專職教師，然而，她最終選擇了「教師」作為終身志業，但她也提到，這是因為她喜愛助人與接近人群而選擇的職業，是以，若她有能力同時扮演好兩種身分，是否能夠獲得成全，甚至受到肯定？

此外，音樂老師也提到，有些老師會視學生學習需求而提供所經營事業的相關產品或服務以促進學習，但她也特別讓我知道是，由於芬蘭教育完全免費於學童，故引入的所有資源都必須基於無償性質，絕不能向學生收取任何費用。

就此，若教師或其家族發展的事業也能協助課室教學，這是否也是另類「教學資源」的來源或補充？關於此議題，確實值得探究與省思。不過，最讓我感受至深的倒不是教師是否可以兼職，而是——本土是否有機會針對一些已較不符合時宜的、過於僵化的、缺乏彈性的相關法令內容再作調整與修正？例如，教師請假規定、進修規則等。時代不斷推進，制度和法令之適度鬆綁亦應符合世界潮流，在課程改革下，這一部分的「整土翻修」似乎被忽略已久？

定位為附加式（additional）課程[3]的微電影『友誼』拍攝

回到微電影「友誼」拍攝之音樂科課室教學觀察。

根據四位學科教師規劃，微電影「友誼」課程方案的實施是從一月至四月底。不過，四位教師在實施時程的安排上仍具有差異，例如：音樂老師規劃實施時程是從一月到三月，她以為目的不在督促學生「完成」方案，而是於「引導」和「給予反饋」。

> 對音樂課來說，這個課程方案是附加的，我們有其他課程要上……像四月開始，這個班要合作演奏一首曲子"Clock"，要在Gala時表演……（訪音樂老師，201803）
>
> 我們之後有其他的學習，若做不完……我們會在視覺藝術課做……（訪學生A，

201803）

當然，他們還是可以問有關影片的事……音樂課就是學習這些事，他們其實一直都在學音樂……（訪音樂老師，201804）

此外，基於鼓勵創作並尊重智慧財產權，視覺藝術老師和音樂老師都勉勵學生自創背景音樂來替代網路直接下載，對此，兩位老師也都向學生提到，根據過去學長姊的經驗，凡是未獲得授權而直接下載他人音樂者均不符合參賽資格，這一點也提醒學生應多加注意。

創作樂曲如何可能？一人一樂器開始

然而，七年級生是否有能力自創曲作？在個案學校音樂教室，其寬敞的空間、盡可能充足的各種樂器類別下（如圖1、圖2），讓這些一年級開始便長期在這樣環境

譯注：

3 此與Banks（1989）提出的多元文化課程發展模式中的附加取向（additive approach）意涵不同。根據音樂老師的解釋，她所指的「附加式」偏向是指「額外的學習或指導」涵義。

圖1　個案學校音樂教室

資料來源：作者

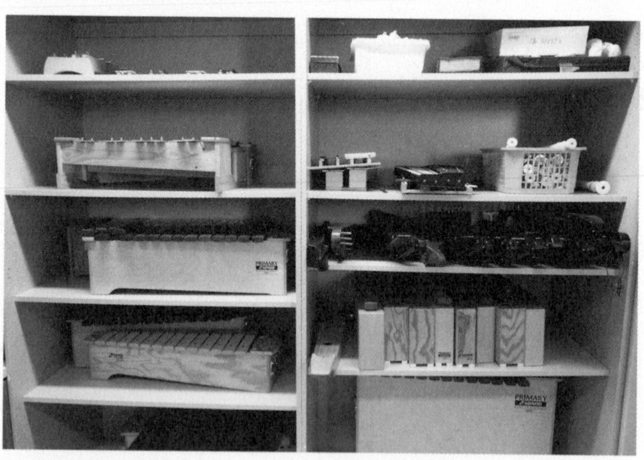

圖2　個案學校音樂教室

資料來源：作者

下學習的學生，程度上均有「一人至少會一樂器」的潛能或專長／興趣。

根據觀察，在個案學校，學生可以親近各種樂器、碰觸樂器，以致於有機會體驗到自己敲（打／彈）出的各種聲音、感受到質地輕重，深刻體會到「自己正在創造／作音樂的歷程」。學生B便指出，她自小就喜歡彈鋼琴，「雖不夠熟練但很喜歡鋼琴發出的聲音」（訪學生B，201804），是以，當在老師讓學生自由練習時間時，學生B總喜愛與另一位也愛彈琴的夥伴一起到隔壁的小間琴房去彈奏曲子。

此外，師生都享受音樂的另一關鍵原因或許也在於——在學生的生活周遭裡，幾乎身邊的每一位夥伴或老師都至少熟悉一項樂器，他們透過樂器聚會、社交、談論，「一人一樂器」似乎已是個人基本能力之一。

例如，在一些慶典或活動的，幾乎所有的學科教師都曾在公開場合中表演樂器或作為學生的伴奏，有時也與學生連袂演出等，即使大多數的表演總被教師謙稱為一般餘興節目，但誠然都具有相當水準，且賓主盡歡。對此，副校長微笑地說：「我們這裡每位老師至少都會一項樂器……數學老師可是吉他高手，體育老師可是鋼琴演奏家……」

整體來說，那些看似作為「學科」性質的音樂或視覺藝術，在學生心目中，其形象或實質意涵可能更像是一種朝向個人興趣與真實生活的直接實現與體驗，如同，多數學生從小便開始學習認識樂器、親近樂器、碰觸樂器，感受自己能夠「創造／作」多元聲音，有機會體認「創造／作」聲音的歷程，音樂，從體驗中學習而來，且不假外求。

以自學為主的樂曲創作

學生P熱愛音樂，偏愛鋼琴彈奏，當她得知要為影片自創樂曲時感到相當興奮，雖然學校提供有多種樂器可以使用，但她仍從家中帶來電子樂器Novation Lanuchpad與學校的樂器作出搭配，並嘗試與她的夥伴透過自學來為微電影「友誼」創作曲子。

（學生P正在教夥伴如何使用Novation創作樂曲）

P：配置一個pad才能觸發這兩個效果器……不單是要設置返送……

O：而且不能影響它的頻道。

P：對，我示範給你看……

O：要先離開InControl模式嗎？

P：對……（課室觀察，20180315）

（關於Novation Lanuchpad）

我幾乎都自己學，網路上很多影片……這是一種電子樂器，搭配電腦或ipad可以很快做出電子音樂……之前玩過，但還不太熟……（訪學生P，201803）

大部分是我先看P操作，她比較熟悉……然後我請她讓我試試看……（訪學生O，201803）

他們這組成員一共四位，P和O兩位正利用Novation Lanuchpad為影片創作配樂，另兩位成員則在一旁「聽音樂」。為何「聽音樂」？事實上，她們也同步在網路上找尋適合自己影片的配樂，若有適合，將與P和O一同思考是否合用或改編。

大多數的學生都透過自學或互學來創作影片配樂，那麼，音樂老師做些什麼？音樂老師正勤走於各組之間，她一一觀察並了解學生的學習進度並詢問可提供的資源或服務（如圖3）。一般來說，學生見到她靠近後，通常是先主動分享音樂創作的理念或方法、邀請她聆聽暫時版本的音樂創作，也有一些學生向她請問樂理等，而她會提供一些回饋。

不按牌理出牌？認識智慧財產權

一天午後，學生T和其夥伴向音樂老師提議，由於自己這組可能將花費更多心思於攝影軟體知能的鑽研上，但此顯然相對壓縮音樂創作時間，是以，他們建議能否直接從網路下載音樂而不創作樂曲？音樂老師聽聞後，先是思考了一下。

圖3　音樂老師（左）正詢問每一組學生學習進度並給予建議

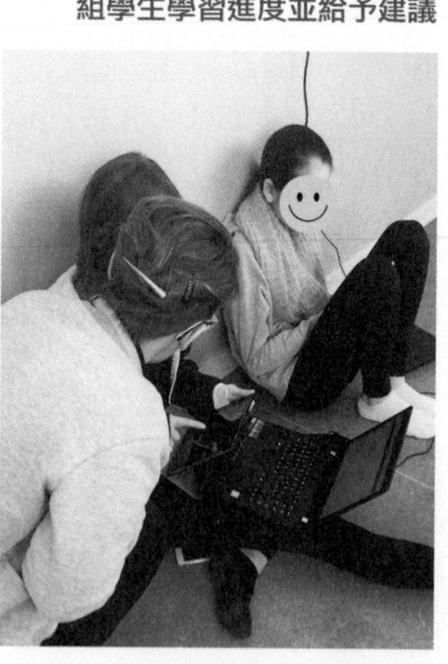

資料來源：作者

「你們確定嗎？你們必須考慮清楚……」音樂老師說。

「……我們可能需要多花點時間研究攝影軟體。」學生T說。

「若你們決定放棄創作樂曲，我不會完全否定……但下載他人智慧確實有法律問題……答應我，你們必須花一點時間去了解那些問題，然後再做決定……」音樂老師語

重心長地說。（課室觀察，201803）

兩位學生回到座位後，便在電腦上輸入幾個關鍵字，例如：音樂下載（musicload）、免費音樂（free music），以及創用ＣＣ授權（Creative Common）等。他們指出，過去在小學時曾學過ＣＣ授權的一些知能，只是他們並未完全理解，是以，這次決定花一點時間來好好研究。

他們在閱讀ＣＣ授權細節如須遵照條件後，又連結到幾個深受大家喜愛的音樂網站如SoundCloud等去察看是否也有相類訊息。她們發現，這些音樂網站大部分都有提醒Creative Commons分類，也示範案例，讓他們知道其所意圖選擇的音樂必須依照著作人或授權人所指定的方式表彰其姓名（即「姓名標示」），若對本著作進行變更／轉換／修改時僅得依本授權條款或類似之授權條款散佈該衍生作品（即「相同方式分享」）。如是往返的頁面搜尋、閱讀理解，以及到最後對所選音樂授權協定之確認等，約花去2節課時間。在影片完成之後，他們依照作者（授權人）指定方式對其作品進行姓名標示，並確實彰顯於片尾名單（Ending Credits）中。

整體來說，在音樂課堂上，學生主要透過自學與互學方式來為「友誼」電影配樂，而此部分的學習為音樂教師定位為附加式的學習或指導。此外，對這些學生而言，大部分至少都會彈奏一種以上樂器，主要都以學校提供的樂器為主，少部分也從家中帶來與其搭配。隨著科技越來越發達，學生創作音樂的方法與所使用工具越來越多樣，他們有些嘗試融合科技如融入電子樂器等，也都會音樂課室帶來學習的新風貌。然而，也因為科技日新月異，網路世界智慧財產權、學習倫理等也成為音樂教學的重要內涵之一，這些也是學生在此跨領域課程下所習得的重要副學習和輔學習。

觀察外一章（一）：課程統整的三種取向

芬蘭二〇一六課綱強調師生要能進行跨領域教學，但事實上，在前一版本二〇〇四課程綱要中對此即有所鼓勵，故實施跨領域教學非二〇一六課綱的新條項。易言之，當今學校實施的跨領域課程乃是在既有基礎之上持續前行並改進，師生對此並非全然陌生。

Drake（1993，1998）將統整組織型態分為多學科（multi-disciplinary）、科際整合（inter-disciplinary），以及超學科（trans-disciplinary），其中多學科係指透過主題使學科間內容產生關聯，科際整合係指以學科間共同所需的能力如批判思考、技巧等進行學科間的統整，至於超學科係指真實世界中的情境受到關注，科目不再是學習的組織中心，學生的意見及決定受到重視。於此，本文也特別指出是，此課程統整的三種取向不一定有優劣之分，端視課室的教學目標而定，凡是設計得宜的課程與教學，均是好的課程與教學。

此外，此三種取向也不一定斷然區分，誠如Drake和Burns（2004）所言，此三取向或可理解為一連續階段、一連續的統整觀，即以現有的課程內容為基礎，到發展更高層次的能力，再到高層次、生活角色表現的更廣泛主題，是一連續、統一體的過程，也就是說，當學習者在某一處累積更多經驗後，亦有可能繼續體驗這種不斷加深的聯繫，以致最終在此三種課程統整取向皆能游刃有餘。

觀察外一章（二）：跨領域課程——語文科老師仍照教學進度上課？

這裡也順談微電影「友誼」拍攝於語文課堂的觀察。

微電影拍攝期間，當師生來到英語和芬蘭語課堂時，事實上，他們並沒有在進行任何有關微電影「友誼」方案，而是依照原來的教學進度繼續上課。換言之，當學生來到芬蘭語課堂或英語課堂時，所帶進室內的不是微電影「友誼」拍攝的相關學習材料，而是如常地依據原來的教學進度實施課程，包括：閱讀文章、學習文法、練習朗誦、互相對話、寫作反省等。

若再探語文科的教學大綱則又發現，兩科教師均未列出有關微電影「友誼」方案的任何教學細項。然而，為何語文科教師毋需給予關於微電影拍攝任何支持？為何師生不動聲色？還是有其他被我遺漏了的觀察？我感到非常好奇，於是，便先直接向學生請問。

（關於微電影「友誼」方案）

我：為何在芬蘭語課不繼續編輯？

學生Ａ：喔，因為我們要上課……

我：那麼有關對話和字幕的編輯會如何處理？

學生Ａ：我們自己會在其他時間做，像是視覺藝術課。

我：你們好像也不在英語課做編輯？

學生Ａ：是的，因為我們也要上課……（訪學生Ａ，20180322）

學生A以為「語文課是要上教學進度的課程」仍未完全解開我的疑惑，於是，我又繼續訪談視覺藝術老師、芬蘭語老師Y，以及英文老師，最後終於稍有眉目。

（關於微電影「友誼」方案）

我：你也會幫忙指導影片角色的對話嗎？

視覺藝術老師：他們需要的話我也可以幫忙。

我：那麼語文老師會一起指導嗎？

視覺藝術老師：當然，誰都可以幫忙……英文老師一直都在幫忙……

我：〝英文老師一直都在幫忙〞是指……

視覺藝術老師：喔，英文課就教這些句子文法啊……（訪視覺藝術師，20180322）

我：Y，你看過學生正在拍攝的Kaikki kuvaa影片嗎？

Y：Kaikki kuvaa？喔，我知道這個課程，學生很喜歡這個課程……

我：你會在課堂上指導學生對話或其他嗎？

Y：不會，我們有自己的課程計畫……他們主要在視覺藝術課做……

我：他們不在這裡寫劇本嗎？

Y：沒有，這是應用所學，他們可以在任何時間寫……（訪芬蘭語師H，20180322）

我：老師有看過學生的Kaikki kuvaa電影拍攝嗎？

英文老師：有，○○有拿來給我看……

我：他們有拍一部影片，以英文對話，不知道學生是否有來向你請教過對話內容？

英文老師：他們私下會問一些問題，但我還沒看過完整的影片……

我：不知道老師會幫忙檢查對話或什麼……

英文老師：若有需要的話……每次上課已有安排進度……需要的話，他們自己會來問（訪英文師，20180329）

是以，微電影「友誼」方案雖是由四個學科老師所合作的跨領域課程設計，但在平日的課室教學上，視覺藝術課室顯然是學生主要的學習場域，凡有關影片如角色對話、字幕編輯等，學生也幾乎都在視覺藝術課或音樂課進行，甚至此兩學科教師也會協助檢查文法或發音等。簡言之，在四個學科教師共識下，學生的語文學習（或能力表現）被視為「直接應用於此方案上的素養」，並不在語文課堂上直接指導，語文課程仍依平日教學教度進行，這也凸顯了跨領域課程設計的另一種思維與作為。

觀察外一章（三）：分組落單？上課打電玩？

關於微電影「友誼」拍攝，教師鼓勵學生以分組方式進行以更能分工合作學習。然而，在分組過程中，仍不免有學生落單，在影片拍攝過程中，也有學生過度分心於其他事物。

（有一學生在分組時落單）

視覺藝術老師：	你找到夥伴了嗎？
	（學生U搖頭）
視覺藝術老師：	你願意獨立拍攝嗎？還是我們一起找找看其他同學？
學生U：	也許我可以問問Daniel……
視覺藝術老師：	很好，那你試試看……
	（課室觀察，20180314）

（有一學生正上網遊戲）

視覺藝術老師：	Z，你該停止打電玩了……
學生Z：	OK.
	（Z將平板電腦畫面做切換，老師離開與其他學生討論） （不一會兒，Z又回到遊戲畫面，這時，老師剛好又經過）
視覺藝術老師：	Z，你應該了解這是上課時間，你，該，停，止，打，電，玩……你有學習的責任，是嗎？
學生Z：	抱歉……
	（Z將平板電腦收到抽屜，轉與同組學生了解拍攝進度）
	（課室觀察，20180314）

在個案學校，一般來說，不僅視覺藝術老師，大部分教師對於學生分組落單、上課不專心等情形的回應，大多都採取「溫和」方式來處理，最常使用便是直接詢問需求、口頭勸導，師生不太讓自己一直「掉入」處理這一類事務漩渦裡。

我思考我可以怎麼幫助他，而不是直接幫他分組……學生想要怎麼做是我第一時間要問清楚……（訪視覺藝術老師，20180314）。

學生有自己的責任，這也是課綱強調的……教師不可能完美，我有責任讓學生知道他也有責任……（訪視覺藝術老師，20180404）。

我和Sara他們一組……他們演員少一位，我就加入了……（訪學生U，20180314）。

我知道上課打電玩不對，她（指視覺藝術老師）說過了……（訪學生Z，20180314）。

在個案學校觀課這一年來，我發現芬蘭多數師生有一特質很值得省思，那便是——不輕易為（讓）他人做出決定。無論在何情境下，當學生需要幫助時，教師會做的第一件事通常是「去認識與理解學生的問題與其性質」，協助澄清問題或給予建議，鮮少會幫學生直接做決定，於是，這有機會讓學生知道他終究要為問題承擔、找到方法，然後解決它。

事實上，我以為上述亦攸關教師負有「讓學生知道他也有學習責任」的責任。是以，在下課後，當我見到視覺藝術老師一邊收拾顏料和服裝，一邊卻也不忘對較慢離開的學生Z做出提醒，她提到，希望他除了能注意自己負有學習責任外，也能明白學校生活終究區別於家庭生活作息。換言之，師生並未繼續膠著於「上課打電動」事實上的談論，而是抓住更上位的指導原則「學習者也有學習責任」曉以輕重，這不僅使得師生毋須正面衝突，也讓學生感受到被視為一位「成人」對待的尊重，如是的互動，是否會更有可能讓他去思考方才失序行為背後的真正缺乏究竟為何。

那麼，觀課一年來，是否看過老師因學生頑皮而處罰學生？師生是否嚴重衝突？而最嚴重的處罰方式為何？

這一年，在我每天參與觀察課堂中，我從沒有看過師生嚴重衝突，沒看過任何一位老師對學生咆哮（較大聲一點的口氣亦無），沒看過學生輕蔑或惡意回應老師的教導，沒看過師生為班級經營的難題折傷了彼此情誼。在我所參與的這些超過千堂課室教學中，所見過最嚴重的一次處罰便是在英文課室裡。當時，兩位女學生因上課的情緒過於高漲、玩笑不止，英文老師在提醒過一次顯然無效後，不久，她便請兩位到教室外面走廊上「冷靜」，而兩位女學生對於這樣「激烈」的處理方式誠然也感到非常不好意思，便在外頭待了一會兒才又回到教室上課。

整體來說，時常困擾臺灣課室看似負向問題如學生分組落單、上課分心、師生衝突、學生屢勸不聽、上課使用手機、作業未完成等，對於芬蘭師生來說，恐怕也無一倖免（目前個案學校課室可使用手機），然而，從個案學校看來，這樣的負向問題確實極為少數，也讓師生更能專心於教學實施。此外，當個案學校師生在處理這些問題時，我見到他們也都傾向於「輕輕地提起，然後輕輕地放下」，我思考，或許除了師生心中那把「引導學生覺知他有學習責任」尺度一直都在之外，師生籌劃有有效且可處理的「課程與教學設計」可能也是關鍵之一。

7

正式課程篇

語文課室——差異化教學「到底」的芬蘭語與文學課

—老師：今天大家有不同的任務……Liv和Heidi你們可以看上次那個影片，然後繼續回答線上問題……Lisa和Crystal，你們從這些詩集中挑一本來寫一小段解釋……

Crystal：我可以不挑詩集嗎？

Lisa：我願意看詩集……

Crystal：我可以看上次那本小說嗎？因為我還沒看完……

—老師：好……你們兩個短文完成後直接傳送到我的信箱……

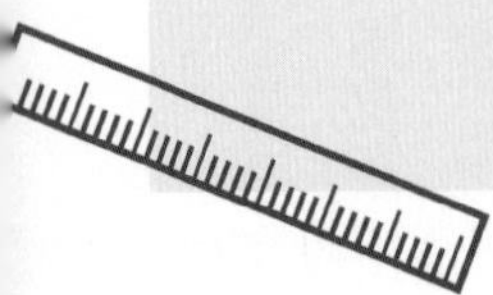

教學任務——朝向兼具資訊性、藝術性及技能性

根據芬蘭課綱，芬蘭語與文學（Finnish language and literature）[1]主要教學任務乃在「培養學生精通芬蘭語、多元識讀和互動能力」、「熟悉文學和文化」、「建立語言認同」、「引導學生在多元文化和多語言社會中理解芬蘭語言、文學和其他文化形式的涵義與狀態」等（FNBE, 2016: 310）。基於此，在一－二年級，芬蘭語與文學的教學任務主要在發展學生的基本素養、學習如何學習，以及互動的技能，引導學生對語言、表達，以及各種文本的產製和理解產生興趣；在三－六年級，芬蘭語與文學的教學任務除了發展學生學習如何學習、互動能力之外，也包括對閱讀的興趣、具流利且博學多聞的閱讀和寫作技巧；在七－九年級，芬蘭語與文學的教學任務主要在使促進學生多元識讀、學習如何學習及互動技能的多樣化，引導學生擴展他們的語言、文化知識及其文本世界。

譯注：

1 本文以「芬蘭語與文學」為「母語」的視角來描述母語與文學（mother tongue and literature），至於其他母語架構中的教學法和教學活動亦是依據相同邏輯來設計。

關鍵內容領域——從與他人互動到多元識讀

這裡將以一間七年級課室教學為例。根據課綱，七－九年級芬蘭語與文學關鍵內容領域共有四項，包括：互動技巧（Acting in interactive situations）、詮釋文本（Interpreting texts）、文本產製（Producing texts），以及對語文、文學與文化的理解（Understanding language, literature, and culture）。

芬蘭課室實況觀察

觀課時間	二〇一八年3至二〇一九至二月每周三節
班級／學科	七年級／芬蘭語與文學課
上課形式	兩班制（分三組）

作為學校教育的最重要課程之一

芬蘭有兩個全國性的語言，一為芬蘭語，另一為瑞典語，除了上述兩種語言，在芬蘭課綱中，薩米語（Sami language）、羅姆語（Roma language），以及芬蘭手語（Sign Language）也在母語類別裡，其中薩米語更在某些北芬蘭自治體受到法律保障的特殊地位。

一九九七年，科目名稱「母語」改為「母語與文學」，主要是為強調結合語言與文學研究做為母語與文學教學基礎的特性。在這麼多作為母語與文學學科中，學生必須從中擇一作為母語學習，以符合二〇〇四年施行的新語言法（Mantila & Sulkala, 2010）。不過，在基礎教育，即使每位學童都有權利以自身母語接受教育，但凡母語非芬蘭語或瑞典語者，則須在芬蘭語和瑞典語中擇一作為第二語言學習。

以七年級為例，每周有三節芬蘭語課，其中一節採兩班制上課，另兩節（連堂）則為全班一起上課。由於此班學生包含有以芬蘭語為母語（Finnish language and literature）、以芬蘭語為第二語言（Finnish as a second language and literature），以及以芬蘭語作為第二官方語言（second national language），故有三位教師分別為此三組學生授課。為了給予更適性協助，教師非常重視差異化教學。

教學風格迥異的三位芬蘭語教師

三位芬蘭語教師的教學經驗都超過十年，擁有豐富的教學底蘊。不過，觀其三人課堂，教學風格卻很不相同。

擔任以芬蘭語為母語教學的I老師，是一位英語與芬蘭語均流利的語言教師，她喜於提供不同形式（如：紙本、電子等）和文本種類（如：小說、短文、戲劇、詩集、新聞等），讓學生學習語言與文學的同時，也鍛鍊多元識讀能力；擔任以芬蘭語為第二語言教學的G老師，是一位較內向老師，比起聽說，她顯然較重視視覺理解和閱讀理解的語言老師，這從她時常給學生關於讀寫一類的任務可知；另一位擔任以芬蘭語作為第二官方語言教學的Y老師，她同時兼任學校的副校長職位，她善於設計有趣且實用的學習任務讓學生探索（如圖1），她以為

圖1　Y老師與學生進行桌遊遊戲

資料來源：作者

當前的課程設計目標應在「維持學習芬蘭語動機」為優先，故她常為學生設計有趣的學習任務。

綜此，此三位教師的教學風格和所教授內容並不相同，但事實上，三位老師會在共同備課時間一起研擬教學計劃，也會討論學生的學習情形，是以，當三位教師有時互相代課時，也較可以有效支援。此外，在極少時候（如某位老師臨時有事），所有學生也會合併上課，這時，更能明顯地看到差異化教學「到底」景象。

差異化教學與評量「到底」

所謂差異化教學（differentiate Instruction）係指「一種針對同一班級之不同程度、學習需求、學習方式及學習興趣的學生提供多元性學習輔導方案之教學模式」（Hall, Strangman, & Meyer, 2003; Subban, 2006）。承如前述，三位教師的教學風格雖不相同，但課堂上都把握一共同的教方法，即重視個別差異、實施差異化教學。

所謂「到底」，是指「個案學校學生在芬蘭語課堂的學習幾乎已是一人一種學習方式」的狀態。例如，許多時候，師生的教學模式是學生一人一機（如手機、筆記型電腦、平板）、一人一本（有適合自己語言程度的文本），然後依照自己的學習進度一個階段一個階段地前進，這儼然已是芬蘭語課程教學常態（如圖2）。

> 芬蘭語與文學很重要……像這樣（差異化教學）是必然的，因為學生程度差很多……（訪Y老師，201805）

> 評量也會分開來處理……我們（三位老師）會各自給學生評量……評量內容有寫短文、發音、閱讀……（訪I老師，201805）

那麼，當學生都自主學習時，語言老師做些什麼？根據觀察，老師們的主要任務便是了解其學習需求、進程，以及提供合適的資源等。

事實上，即使班上絕大多數學童都以芬蘭語為母語，但I老師指出，她也常給學生不同的學習任務，一般來說，尤其程度較好者，她會特別在芬蘭語文法講述之外，再加強其芬蘭文學的素養。

圖2　學生常態性一人一機學習芬蘭語

資料來源：作者

例如，一次課堂上，I老師在引起動機之後，便從櫃子裡搬出幾本書籍到教室中央，幾位學生靠近並拿起來翻閱，接著，I老師便向學生提示今日的學習任務。

I老師：今天大家有不同的任務……Liv和Heidi你們可以看上次那個影片，然後繼續回答線上問題……Lisa和Crystal，你們從這些詩集（如圖3）中挑一本來寫一小段解釋……

Crystal：我可以不挑詩集嗎？

Lisa：我願意看詩集……

Crystal：我可以看上次那本小說嗎？因為我還沒看完……

I老師：好……你們兩個短文完成後直接傳送到我的信箱……（芬蘭語課室觀察，201811）。

I老師指出，事實上，有些以芬蘭語為母語的學生也來自雙（跨）文化家庭，他們自小生長在多語言家庭，一旦父母善用語言教學策略結合家庭特有的生活情境，也為孩子增加具有質量的語言刺激，她指出，學生Lisa便是很好的例子。

不過，她也特別提醒，語文科的學習本不在於與他人比較或同步，尤其以芬蘭語為母語的學生與以芬蘭語作為第二外語的學生，其在教學大綱上本就具有差異。

圖3　芬蘭語與文學課有不少文學作品為學習素材

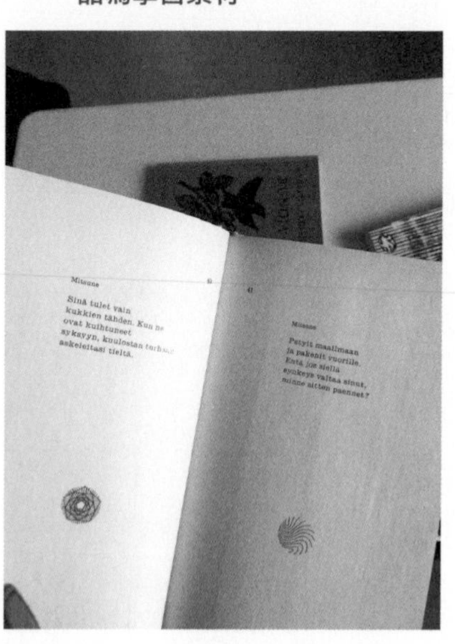

資料來源：作者

芬蘭語與文學的「傳統」價值正流失？

根據課綱，學習母語與文學最重要的理念在透過學習這些內容與技巧，使學童成為一樂觀且具有自信的個體和社會一員，讓他們不僅能夠重視人權與民主，也能在社會上扮演主動發展社會的角色，最重要的是，他們也要能喜歡並欣賞自己的母語、文學，以及文化（FNBE, 2016: 308）。

然而，隨著國際人口移動或全球化現象，近來年，芬蘭的移民人口逐漸增多。對此，擔任以芬蘭語為母語教學的I老師也常與其他教師討論這一類問題。她有些失望地指出，多元文化也帶來衝擊，例如，它讓學校教育中的芬蘭語與文學教學不斷發生質變，從教書第一年至今，這些變化她甚有感觸。

I老師進一步指出，有一些移民第二代的學童雖然以芬蘭語作為母語，但其母文化自然地作為其生命的一部分，這也使得這些「新移民之子」與家族本會面臨著完全不會一樣的身分認同，對於同一間教室來自多元身分的學生正同時在學習芬蘭語，這與她過去十年前的教學風景已大為不同，她憂心地以為，「傳統」芬蘭語與文學價值可能正面臨嚴峻考驗。

8

正式課程篇

語文課室——擅於設計有趣有效教學活動的瑞典語老師

當今科技進步，文本形式越來越多元，小說、非小說、紙本、電子和視聽媒體文本等，都需要一起放進課室教學裡讓學生練習，學生的學習不再僅是只有紙本而已。瑞典語老師進一步指出，時常變換這些文本形式並鼓勵學生也以多元形式來表達語言，這凸顯了學校的語文課程不會僅是「被動式地」引導聽說讀寫，教師的教學任務也在刺激學生去思考使用這些文本背後的不同目的，甚至提出批判和質疑，創造屬於自己的文本。然而，面對這一類較高層次的任務，瑞典語老師也承認並不容易做到，但她指出，製造處理不同文本形式的機會是必要的。

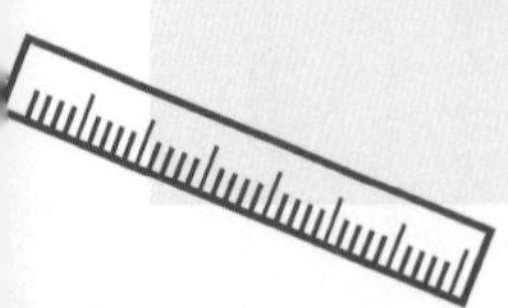

教學任務——支持對真實世界語言和文化多樣性的興趣

根據芬蘭課綱，第二官方語言（Second national language）主要教學任務乃在「作為語言教育和語言意識介紹的一部分」、「支持學生對學校社區和周圍世界的語言和文化多樣性的興趣」等（FNBE, 2016: 349）。以瑞典語 A 教學大綱為例，在一－二年級，主要教學任務在於為學生提供語言的初步介紹，讓學生透過歌曲、戲劇、遊戲，以及體育鍛煉來學習語言的基礎知識，並根據學生的興趣來選擇主題或結合其他學科課程，作為多學科學習模塊的一部分；在三－六年級，所有學生都接受母語和至少兩種其他語言的教學：核心A1語言和B1語言，還可能還有A2語言（A語言的選修課程）；在七－九年級，主要教學任務在鼓勵學生於各種互動和信息獲取中使用瑞典語，支持學生提升三－六年級所獲得的能力、發展語言推理能力，同時促進語言學習能力（language-learning skills）。

關鍵內容領域——涵蓋主題事件至學生興趣等

這裡將以一間八年級課室教學為例。根據課綱，七－九年級瑞典語 A 教學大綱關鍵內容領域共有三項，包括：朝向文化多樣性和語言意識（Growing into cultural diversity and language awareness）、語言學習能力（Language-learning skills），以及不斷發展語言流暢、互動能力、文本解釋及產製能力（Evolving language proficiency, interaction skills, text interpretation skills, text production skills）。

芬蘭課室實況觀察

實施時間	二〇一八年十二月一節
班級／學科	八年級／瑞典語課（以瑞典語為另一官方語言）
任務名稱	"NICKE NYFIKEN"
教學目標	O5 to instruct the pupil to develop strategies and metacognitive skills needed in understanding, comprehending and analysing texts and the skill of evaluating development needs in his or her personal reading skills
上課形式	兩班制

「最友善教師」

瑞典語老師總是面帶微笑、說話和氣，她總是在專科教室內笑容可掬地迎接學生，九年級某班畢業時，還特定製發一個「最友善教師」獎座給她，全校師生都以為她受之無愧，我也感受她實至名歸。

她擅於設計課程、教學方式活潑有趣，學生進到教室之後，通常第一時間都先向她詢問：「今天玩什麼？」（What are we playing today?）此時，老師也總是神祕地微笑回應：「等等你就知道了！」（Let's see!）

例如，有一回，她在教室地板上以有色膠帶貼了一個簡易迷宮，讓學生分成兩組並輪流做為闖關者。她所訂的規則是：

「闖關者必須戴上眼罩勇闖迷宮，但不能踩到任何有色膠帶，而同組組員需以瑞典語詞彙如『前進』、『後退』、『左』、『右』、『轉彎』發號施令，協助闖關者能順利地從入口進、出口離開，才算過關，非誤踩有色膠帶者，則算失敗。」

學生才聽完規則，便已躍躍欲試。

做為課室觀察研究者，我也常在她精心設計的有趣教學活動中不小心地「直接參與」師生課堂。好幾次，因見到闖關者常有危急情況如偏離軌道等，我竟能自然地跟著喊起"framåt!"，甚至後來到瑞典斯德哥爾摩大學參加研討會時，也在一些場合中辨識出幾個熟悉的字彙。

有一次，我向老師請教她是否受過什麼專業訓練？為何她所設計的教學活動有趣且又具學習效果？她一如往常面帶微笑地回應：「我已經教學十年了，累積了很多資源和經驗，有這樣的表現應該是很正常的！」足見她與學生一樣對她自己的教學甚具信心。

收看 Nicke Nyfiken 短片[2]

相較於英文課和芬蘭語課，多數學生均認同——瑞典語老師給予的任務性質通常具有「童趣」(childlike)，這很快地便引起大家共鳴（引起動機），也整個學習氛圍充滿「歡樂」(fun)。

由於時日接近聖誕節，學期即將進入到尾聲，近來的幾次瑞典語課，教師都在協助學生複習、整合過去幾周所學，也進行了兩次測驗。今天，當學生進到教室坐定後，她如常地將今日的任務內容投影在螢幕上讓學生閱讀：

“請收看影片Nicke Nyfiken並進行測驗。你可以直接掃取QR code或在OneNote找到影片連結……請使用耳機或與同學一起觀看影片，且人人都要進行測驗。”（八年級瑞典語課堂觀察，201812）

根據瑞典語老師的教學計劃，今日的教學目標在於促進學生持續發展理解和解釋文本所須的策略和後設認知技能，同時也練習評估自己的表現。她請學生在理解任務內容之後，隨即展開行動。事實上，這不是他們第一次在課堂上觀看Nicke Nyfiken影片，諸如此類「收看影片後回答問題」是常有的任務樣態。

根據觀察，學生先是準備相關電子設備和學習資源。以此項任務來說，學生需要的工具至少包括：耳機、手機、筆記型電腦、平板電腦、參考書等，上述設備教室都有，少數學生則選擇自己所攜帶。學生或單獨或倆倆一起觀看影片（如圖1），他們對

譯注：

2 英文名稱為《好奇的喬治》（*Curious George*），已出版超過15國的語言版本，並且累計銷售超過3,000萬本。喬治是兒童文學中最受歡迎、最廣為人知的一個大明星之一，也受到個案學校學生喜愛。教師所給的任務影片連結為http://wwqw.you2repeat.com/watch/?v=AwL8pL579js

此卡通人物Nicke Nyfiken熟悉且喜愛，在觀看影片的同時顯然相當專注[3]。

至於測驗題目和形式，則為十題選擇題，內容幾乎都是事實性問題，每題搭配有2～4個選項，均有標準答案。這些問題如「影片開始時，Nicke被告知要做什麼？」「Nicke認為冬天就像是……」當學生進行測驗、對於某些問題的答案不甚確定時，他們會回到影片關鍵處再播放一次，對此，瑞典語老師微笑地說：「當然，學生可以一邊看影片一邊回答問題，這是他的學習策略，而我的目的在於了解他是否聽懂對話內容。」（訪瑞典語老師，201812）

圖1　多數學生選擇獨立收看影片

資料來源：作者

製造處理不同文本形式的機會

學生在完成測驗之後，所圈選的答案會被直接傳送至瑞典語老師的電子信箱，依據過往經驗，直到下一次上課時學生才會知道成績。學生在繳交測驗結果後，由於仍未下課，在這個空檔時間裡，有些同學討論起影片對話或句子結構，有些則繼續點選Nicke的其他影片收看，有些學生則拿出自己從家中帶來的小說閱讀。

課後，瑞典語老師在接受訪談時提到，當今科技進步，文本形式越來越多元，小說、非小說、紙本、電子和視聽媒體文本等，都需要一起放進課室教學裡讓學生練習，學生的學習不再僅是只有紙本而已。瑞典語老師進一步指出，時常變換這些文本形式並鼓勵學生也以多元形式來表達語言，這凸顯了學校的語文課程不會僅是「被動式地」引導聽說讀寫，教師的教學任務也在刺激學生去思考使用這些文本背後的不同目的，甚至提出批判和質疑，創造屬於自己的文本。

然而，面對這一類較高層次的任務，瑞典語老師指出這確實不容易做到，但給學生練習處理不同文本形式的機會她以為是必要的。

譯注：

3 片中人物對話以瑞典語交流，片長約五分鐘，老師建議學生依自己的速度來學習，也可反覆多看幾次。

9 正式課程篇

語文課室——作為多數學生選擇為第一外語的英語

這些任務都是形成性評量的一部份，她並沒有打算要給學生等第，也沒有要將紙本收回，她提到，她僅會環視學生的作業情形、了解學生的學習狀況，若學生的作業有誤，她會即時給予回饋或提供最適資源。例如，當她看見學生A的單字“guava”拼錯，她便建議A到書櫃去取字典查詢以重複確認。她以為，提供「隨手可用的學習資源」（ready-to-use resources）便是籌劃有效形成性評量的重要關鍵……

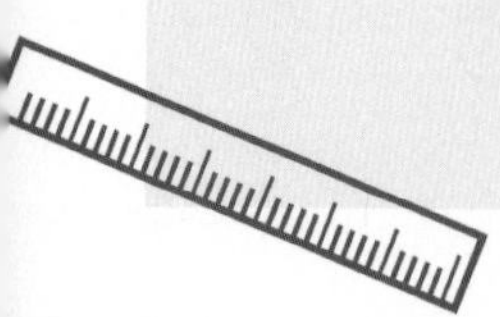

教學任務——支持對真實世界語言和文化多樣性的興趣

根據芬蘭課綱，語言教學是「語言教育語介紹語言意識的一環，學校應支持學生對學校社區和周圍世界的語言與文化多樣性的興趣，並鼓勵他們在真實環境（authentic environments）中交流」（FNBE, 2016: 236）。以英語A教學大綱為例，在一－二年級，主要教學任務在於為學生提供語言的初步介紹，讓學生透過歌曲、戲劇、遊戲，以及體育鍛煉來學習語言的基礎知識，並根據學生的興趣來選擇主題或結合其他學科課程，作為多學科學習模塊的一部分；在三－六年級，當教師計劃教學和選擇內容時，應考慮讓學生通過非正式學習習得英語能力；在七－九年級，主要教學任務在鼓勵學生於各種互動和信息獲取中使用英語，支持學生提升三－六年級所獲得的能力、發展語言推理能力，同時促進語言學習能力（language-learning skills）。

關鍵內容領域——從個人興趣、主題事件到全球議題

這裡將以一間五年級課室的「Eye on Culture：認識英國和美國食物」教學為例。根據課綱，三－六年級英語關鍵內容領域共有三項，包括：朝向文化多樣性和語言

意識（Growing into cultural diversity and language awareness）、語言學習能力（Language-learning skills），以及不斷發展為語言流暢、互動、文本解釋和產製能力（Evolving language proficiency, interaction skills, text interpretation skills, text production skills）。

芬蘭課室實況觀察

實施時間	二〇一八年十一月一節
班級／學科	五年級／英語課（以英文為第一外語）
學習單元	Eye on Culture：認識英國和美國食物
任務名稱	設計美式／英式菜單
教學目標	O1 to guide the pupil to notice the linguistic and cultural richness of his or her surroundings and the world, and the status of English as a language of global communication O5 to explore the objectives of the instruction jointly and to create a permissive classroom atmosphere in which getting the message across and encouraging learning together have the most important role
上課形式	兩班制

英語在芬蘭學校的現況

一般來說，芬蘭綜合學校強制修習的語言最少有三種，包括：一年級時開始學母語，最晚從三年級起學第一外語，以及最晚從六年級開始學習另一官方語言（Niemi, Toom, & Kallioniemi, 2016）。對多數以芬蘭語為母語的學童來說，所選擇的第一外語通常是英語，而第二官方語言則為瑞典語。

此外，從五年級或八年級開始，學生還有機會選修另一種語言，以個案學校為例，其在八年級有開設義大利語課程供學生選修。不過，基於實務和經濟考量，開成與否仍受選修人數影響[4]。

那麼，學生的修習狀況如何？根據芬蘭統計局（Statistics Finland），在二〇一八年

譯注：

4　此議題從較早便有討論至2019年仍未停歇。2019年1月9日，芬蘭第一大媒體便以“Foreign language learning starting earlier, but few get a choice”為標題有後續相關報導。感興趣讀者可進一步參閱以下網站https://yle.fi/uutiset/osasto/news/foreign_language_learning_starting_earlier_but_few_get_a_choice/11149493。

綜合學校秋季學期，一至六年級的學生中有74%的學生學習英語，比上一年提高三個百分點，英語是最多學生選擇學習的外語，此外，幾乎所有七至九年級的學生都學習英語（Statistics Finland, 2018）。換言之，除了芬蘭語和瑞典語之外，學童在基礎教育階段大多選擇英語為第一外語，而此通常也是學校最常開設的外語課。

英文老師——個案學校新鮮人

英文老師K來自一雙文化家庭，父親是美國人，母親是芬蘭人，在她過去的學習經驗中，曾接受過美式教育和芬式教育，她曾說，兩國的教育體制很不一樣，但芬蘭教育系統比起美國教育系統「有彈性多了」（more flexible）。K畢業於赫爾辛基大學英文系，擁有碩士學位，雖然是英語，但由於對語言極有興趣，所以也修習了義大利語，個案學校八年級所開設的義大利語選修課便是由她擔任教學者。目前，她選擇定居芬蘭。

K的教學年資約五年，比起個案學校其他多數老師至少都有十年以上教學資歷，她的資歷較為年輕。二〇一七夏天，她才從他校調過來，她常自嘲地說，她僅比我早了半年進到這間學校，和我一樣都是校園新鮮人。

相較於其他教師，K的教學態度嚴謹，她的課室學習氣氛也較嚴肅，師生之間的談話即使話語滔滔，亦少有任何「題外話」，大部分學生提到，比起前一位英文老師，「K比較嚴肅，發音也比較美式」。此外，學生也提到，K對學生有較高期許，也給予較多的作業，至於考試次數也較以前老師多一些。

記得我第一次到她的課堂觀課時，K便主動地向我介紹當日課堂重點、今後幾堂課程的可能鋪陳，以及學校概況等（即使她才到這個學校半年仍努力解說），她的話題不脫芬蘭學校、課堂，以及英文教學，常給我很多有用且精準到位的資訊。

K是一位認真且投入學校教學的老師，這也表現在她對「每一刻師生都有該做的事情」堅持上。例如，下課時間一到，她一定馬上督促孩子去院子遊戲，她則快馬加鞭地到衣帽間換上反光背心後也到院子去擔任導護。由於英語專科教室和衣帽間的距離較遠，這使得她在每次下課後不得不「快走」到衣帽間，通常在這段與她一起「快走」路徑中，我們完成不少談話的同時，我也已是氣喘呼呼，她卻依然不動如山。她曾告訴我，自己很珍惜作為教師這份工作，這是她的志業，而過去她曾在多所學校代課過，其經驗相當辛苦且難忘，也讓她如今格外珍惜。

獨門收心操：十分鐘桌遊時間

英文老師有一獨家收心祕訣：當學生從院子遊戲回到課堂仍餘興未盡時，她通常也不急著馬上進入課程，而是讓學生透過「桌遊」收心。在英文專科教室的資源櫃中，K收納有諸多相英語教學用的桌遊，有些是過去以來積累，有些則是她近來的請購新添[5]，她時常注意更換桌遊內容，有時也加入與學生一起遊戲。

> 這些桌遊很有趣，我很喜歡……（訪學生D，201808）
>
> 我最喜歡玩「配對鳥」（Match a Pair of Birds）（如圖1）[6]……雖然那些鳥名很難記又難讀（笑）……（訪學生U，201808）

英文老師指出，為盡可能地兼顧到每一位學生的學習習性和風格，語文課常需要準備不同類別的學習資源，而「桌遊」便是其中一項。她提及，關於語文領域的「桌遊」相當多，很多都很適合語文教學專用，不過，她也指出，雖然她將桌遊定位於「收心」性質，但學生透過桌遊也在學習，尤其卡片上都以英文書寫，「配對鳥」便是一例。

再者，她也特別指出，「桌遊」能培養學生的社交技能，尤其班上一些學生可能較害羞，她期待透過長期經營「十分鐘桌遊時間」，也能讓這些學生有與他人溝通與互動機會，這也是她推崇桌遊融入語言教學原因之一。

圖1　桌遊融入英語教學

一雄一雌天堂鳥（BIRD-OF-PARADISE）才算配對成功

資料來源：作者

譯注：

5 教師若需購買教學資源可以提出請購計畫交付校長裁定，若通過則提供補助。

6 此遊戲玩法是：將紙牌面朝下放置，玩家須記住成對雄性鳥和雌性鳥的位置，配對成功越多者則為贏家。

透過「大圖片」學習

十一月的這天，師生所進行的教學單元是"Eye on Culture"，這已是此單元教學的第四節課，也是本單元教學的最後一節。

前三節課，K讓學生學習單字、基本文法，以及閱讀幾篇文章，較特別是，她與學生一起閱讀的材料大多都附有「大圖片」（如圖2），她提到，這是因為一些研究資料顯示「『大圖片』有助於推進長期記憶」，是以，當她為這些「以英文為第一外語」學生選擇學習材料時，通常會以此做為主要挑選規準之一。

圖2　英語課常選用附有「大圖片」的學習材料

資料來源：作者

根據K的計畫，今天學習重點將延續前三節課，主要教學目標有二：促進學生留意周圍環境和世界語言與文化的豐富性、營造一較具包容性的課堂氛圍並培養學習如何學習能力。K指出，在這一節課，她將提供有別於前三節課的學習方法如填字遊戲、圖文筆繪，以加深學生對本單元重要字彙的長期記憶，引導學生獨立學習同時也合作學習。

Eye on Culture：答錯不受任何評斷

正式進入課程後，K先檢查學生的作業，接著便跟學生一起檢討。她將作業內容投影在前方，與學生一起討論他們的書寫的狀況（如圖3）。

K老師：第一題，哪些是美國食物的代表？哪些又是英國食物的代表？

（約一半以上學生舉手待答，老師請學生L回答）

學生L：美國有漢堡、熱狗、鬆餅……英國有魚和炸薯條……

K老師：那麼，蘋果派呢？

圖3　英語課師生一起檢討作業

資料來源：作者

（約一半以上學生舉手待答，老師請學生M回答）

學生M：美國……（芬蘭語課室觀察，201811）。

根據一年課堂觀察下來，K通常會自己唸題目，然後以學生自願回答為優先，而學生發言前會先舉手，而她也盡量不重複邀請回答。

事實上，這些問題也不會太難，幾乎在文本上都可以找到答案，凡學生答題有誤者，K則稍微提示一下之後會再邀請他人回答，當中不做任何評斷，至於看見同學答錯，學生之間也少有負面反應，大部分學生僅是持續地舉手期待能夠被老師點名回答。

此外，文本中有一些具有創意的題型深受學生喜愛，如習作上有一題「請畫下創意料理並以英文為其命名」，有學生便畫出「牛肉冰淇淋」和「黃瓜和魚口味的比薩」料理（如圖4），並在圖下對應寫上“beef ice cream”和“cucumber and

圖4　偶具有創意的題型深受學生喜愛

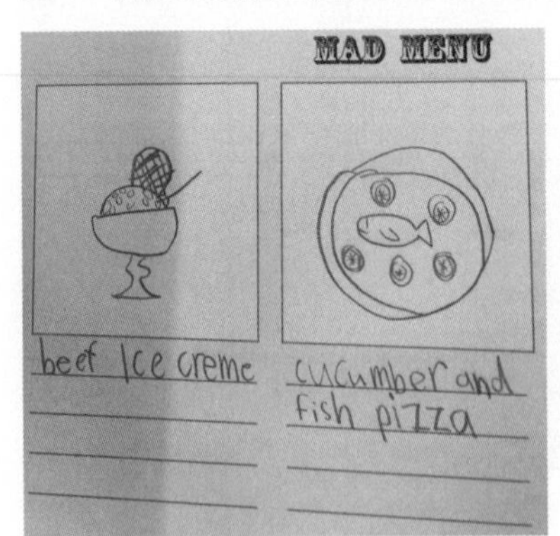

資料來源：作者

fish pizza"這讓「教科書」似乎顯得親切且有趣。綜言之，「舉手後再說話」是個案學校多數課堂的潛規則，而「答錯不受任何評斷」亦復如是，這都讓班級教學顯得較為有序、流暢，且充滿尊重。

兩項任務：Crossword Puzzle、設計菜單

老師發下學習單，提示今天的學習任務有二：一是完成學習單上Crossword Puzzle，另一則是參考所學單字或字典為自己設計一周五天的美式／英式菜單。

關於此兩項任務的難易度，多數學生都以為不會太難，尤其是任務一Crossword Puzzle，凡語文課堂老師大多會提供這一類練習，有些語文老師甚至也會鼓勵學生自己創作Crossword Puzzle後交換練習。

引起較多討論的是任務二，多數學生對此任務感到高度興趣，甚至在聽聞任務內容後便興奮地直接以英文與鄰座同學討論起菜單內容來。這時，K也一邊提供色紙色筆給學生編輯菜單使用，一邊提醒學生在資源櫃中還有平板電腦和字典可善加利用。

學生L：每天都吃薯條太無聊了……要不要來點肉桂卷（korvapuustit）？

學生K：肉桂卷是我們（芬蘭）的？

學生L：每個國家都有……你知道它的英文是什麼？

學生K：Cinnamon Roll？

學生L：（正利用平板電腦查閱）……C-i-n-n-a-m-o-n R-o-l-l賓果！你怎麼知道這個字？

學生K：我看過K-Market[7]麵包櫃有寫這個單字……（課室觀察，20181116）

英語課堂上，學生也常使用ICT來輔助學習，不過，相較於其他語言課室，英語課使用次數較少，對此，K也特別指出，根據她過去的教學經驗，當學生在使用這些載具時，偶爾會無法恪守規定或學習倫理，例如：拿平板電腦卻是玩線上遊戲、複製網路她人文章等，是以，她對英語教學融入ICT這一部分的教學設計較為謹慎。

文本閱讀樣式反應至文本編製

關於任務二學生編制文本的情形，幾乎都以圖文並茂方式呈現（如圖5）。大部分的學生都運到單元中的英語字彙如漢堡（hamburger）、甜甜圈（donut）、披薩

（pizza）等，但也有一些不在所學字彙中，如藍莓（blueberry）、甜玉米（Sweet corn）、龍蝦（lobster）等，他們會寫出這些字彙的原因相當多元，但大多不脫以下幾種：透過查字典、K老師上課時的補充、過去的旅行或採買經驗。

事實上，關於學生所編製的文本形式，也多模仿自日常所接觸的文本類型。尤其在英文課堂上，師生常透過這一類「視覺圖像」來幫助記憶與閱讀理解，例如，桌遊卡、大圖片等，這可能也使得學生在編製這些文本時，受到先前學習經驗的影響。

譯注：

7 此為芬蘭當地的連鎖超市。

圖5 學生設計附有圖文的一周菜單

資料來源：作者

如何評量學習任務？

那麼，教師如何進行評量？或說，對於學生如是表現，教師的回饋是什麼？K指出，這些任務都是形成性評量的一部份，她並沒有打算要給學生等第，也沒有要將紙本收回，她提到，她僅會環視學生的作業情形、了解學生的學習狀況，若學生的作業有誤，她會即時給予回饋或提供最適資源。例如，當她看見學生A的單字"guava"拼錯，她便建議A到書櫃去取字典查詢以重複確認。她以為，提供「隨手可用的學習資源」（ready-to-use resources）便是籌劃有效形成性評量重要關鍵。

此外，K也提到，這已是此教學單元的第四節課，學生能完成學習單上Crossword Puzzle和設計出「一周五天的美式／英式菜單」都是達到學習目標的基本展現，根據她的觀察，班上僅有一至兩位學生學習進度較為落後，而她的因應辦法便是讓他們帶回家繼續完成。

最後，K也笑著補充說，她所設計的第二項任務偏向簡單，此任務重點除了讓學生回顧所學單字之外，主要原因也在於讓學生與同儕可以在較愉悅的氣氛下一起學習英文，她提及，營造「不害怕學習英語」的氛圍也一直是她想努力的目標。

觀察外一章：資訊科技作為基礎教學資源——不是「被融入」？

個案學校的語文科教學相當重視基本電子設備的齊全，如：電腦、網路、平板等，這些都扮演了「必要」且「重要」角色，讓師生得以運用多樣化和差異化教學，發揮「關鍵」效果，進而促進有意義學習。

在個案學校語文課室裡，「資訊科技」較不像是「被融入」教學，而更像是「直接」作為教學基礎資源。換言之，對師生而言，它極可能早已是一種基本的教學必要條件，而不是「額外」被放進學習歷程中的工具。

然而，不可諱言，凡被視為必要、理所當然的事物可能都是危險的，誠如將資訊科技直接視為基礎教學資源，也有所需承擔的風險。

例如，某天因不明原因學生無法連線上網，這讓諸多課室的學習暫時「停擺」。當時，我正在電腦教室參與九年級生的經濟選修課（學生正利用電腦軟體製作統計圖表，不受網路連線影響），卻見西班牙語師J帶著幾位學生走進電腦教室，J向經濟老師抱怨著沒有網路，她的課堂無法進行，是以，她前來商量能否讓班上學生一起到電腦教室來學習經濟……

「你會發現，科技對人類來說這是一個陷阱……」經濟老師這麼回答J之後，師生一起笑了起來，於是，兩班學生一起加入課堂，J老師班上的學生「意外地」獲得了一堂經濟課。

事實上，在觀課的這些日子裡，我見到師生遇過好幾次這種「停擺」意外，對此，有些師生是表達了懊惱，有些則提出抱怨，有些則是隨機應變轉換教學工具繼續學習，而主要處理網路復原的P老師，則最常受到校內老師的「奪命連環抱怨」，這也凸顯了越依賴電子載具和網路來進行學教，所承受的這一類風險也越高，不過，也有極少數芬蘭教師逆向操作，指出自己將越來越減低使用科技載具的次數。

不僅教學，在日常生活中，人與科技有越來越多的交互作用，不可否認是，這讓我們得以完成日常諸多任務、促進許多新知，帶來了行為上的影響，卻也面臨了一些以前從未遇過的問題。然而，面對這些問題，我們一定不會輕易地就放棄科技對於教學的關鍵作用，但如何運用它卻不受限於它更是需要同步思考與努力的行動。

正式課程篇

體育課室——

Move! 透過體能活動促進生活幸福的體育課

對於這些項目的挑戰，可能學生都做得到也做得不錯，故在進行檢測的當下，學生的神情看來相當享受。他們自己不斷切換檢測項目，在體育館裡來回「移動」，像在「玩一個好玩的遊戲」……即使有人一再地挑戰失敗，似乎也很有信心地以為自己終將會挑戰成功……我想起了體育教學任務之一乃在培養學生「積極的自我形象」（Active Self-image），是以，這是否就是鼓勵一種「我只是尚未成功」的成長型思維（Growth mindset）？

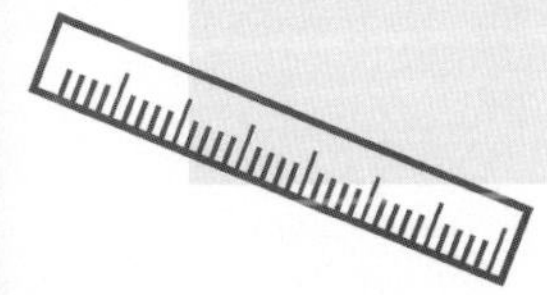

教學任務——透過鍛鍊體能來促進幸福

根據芬蘭課綱，體育課主要教學任務乃在「透過維持身體、社會及心理機能，以及積極的身體形象來促進幸福」、「促進公平、平等及團結，並支持文化多樣性」（promotes equity, equality, and togetherness and supports cultural diversity）等（FNBE, 2016: 466）。基於此，在一－二年級，主要強調學習感知運動技能和基本運動技能、一起學習、發展社交技能，以及增強體育鍛鍊的正向經驗；在三－六年級，主要重點是基本運動技能的建立和多樣化，讓學生根據他們的發展階段參與活動的計劃、開發，以及負責任的執行；在七－九年級，主要重點是基本運動技能的廣泛應用，並在不同運動和其他形式的體育活動的幫助下通過鍛鍊提高身體能力。

關鍵內容領域——涉及身體、社會、心理健康

這裡將以一間八年級教學為例。根據課綱，體育關鍵內容領域共有三項，包括：身體機能（Physical functional capacity）、社會機能（Social functional capacity），以及心理機能（Psychological functional capacity）。

芬蘭課室實況觀察

班級／學科	八年級／體育課
上課形式	男女分開上課

男女孩分開上課

在芬蘭，學校有自主權決定男女孩共同上體育課或是分開上課。一般來說，一－四年級時，男女會共同上體育課，但五－九年級時，則改成單一性別上課。為何如是區分？根據芬蘭國家教育委員會（2004），這是基於男女生在此一發展階段中的成長差異伴隨有不同需求所致。

此外，當男女分開上課時，男老師通常教導男生組，女老師則教導女生組（Berg &Lahelma, 2010），不過，個案學校體育老師H也補充說道，這並非如此嚴格規定，學校亦可自行評估。

體育老師H進一步指出，她在學校擔任女孩的體育教師，這是因為她考量同性別教學較有機會理解學生在成長過程的身體變化與可能需求。她舉例，五至九年級女孩可能面臨初經來臨，她便能就這一階段學生的學習內容帶入一些有關女性身體變化、衛教，以及引導經期間體能訓練的課程，而這些對話可以更為直接且深入。

具北歐特色的體育課程

芬蘭有三分之一土地在北極圈內，冬季嚴寒且日照時間較短，這讓體能的鍛鍊與養成成為學校教育中重要一環。

在個案學校，男孩和女孩亦是自五年級開始便分開上體育課，男孩組由體育男老師S指導，女孩組則由H指導，而兩位體育老師同時也教授學生健康教育（Health education）學科。

學期初，兩位體育老師將已規劃好的男女生學期學習總表張貼於一樓公布欄。以八年級女生為例，二〇一八年秋季課程內容包括：游泳、飛盤、足球、舞蹈、體適能、定向越野（Orienteering）、體操、跑步等（如圖1）。

然而，這些看似與其他國家並無二致的體育項目，其課堂風景卻很不同。以個案學校為例，公園、樹林、海邊近在咫尺，這使得學生玩飛盤、跑步等直接以大自然為場域，低溫下的運動誠屬常態（如圖2至圖3）。

不過，基於季節變化和某些特定節慶，總表上所列課程仍有可能異動。例如，因連日雪地狀況良好，原訂跳舞課程便臨時改為滑冰課。此外，受到芬蘭人喜愛的體育活動如福樂球（Floorball）、芬蘭式棒球（Pesäpallo）也常在師生的口袋名單中。是以，

Date	Discipline	Place	Note
16.8.	Swimming	Swimming Stadium	50 cent for the locker
23.8.	Swimming	Swimming Stadium	50 cent for the locker
30.8.	UltFrisbee + speed	Väinämöinen	Outdoor sports clothing
6.9.	UltFrisbee + enduran	Väinämöinen	Outdoor sports clothing
13.9.	Orienteering	Meilahti 88-stadium	Departure from school at 9.45
20.9.	Orienteering	Laakso riding stadium	Outdoor sports clothing
27.9.	Orienteering	Laakso riding stadium	Outdoor sports clothing
4.10.	Floorball	GH	IndoorSports Clothes
11.10.	Floorball	GH	IndoorSports Clothes
18.10.	*AUTUMN BREAK*	*AUTUMN BREAK*	*AUTUMN BREAK*
25.10.	Football	Väinämöinen	Outdoor sports clothing
1.11.	Football	Väinämöinen	Outdoor sports clothing
8.11.	TBD	AH	IndoorSports Clothes
15.11.	TBD	AH	IndoorSports Clothes
22.11.	Fitness Measure	AH	IndoorSports Clothes
29.11.	TBD	GH	IndoorSports Clothes
6.12.	*Independence break*	*Independence break*	*Independence break*
13.12.	Dancing	GH	IndoorSports Clothes
14.12.	Dancing	GH	IndoorSports Clothes

圖1　八年級女生二〇一八年秋季課程大綱

資料來源：體育老師H

圖2　師生搭電車後步行上山至Helsinki Swimming Stadium上游泳課

資料來源：作者

圖3　學生在雪地裡上體育課

資料來源：作者

總表雖此，但每一次上課前後，師生都會再三確認「真正要上的課程」。

課表中設置「緩衝區」（Buffer area）[1]

根據總表（如圖1），老師也將十一月某幾周設定為"TBD"。所謂"TBD"，即「有待討論」（To be discussed）。體育老師H提及，這是為了檢視課程計畫和學生過去幾周體育練習情形，好讓師生可以一起調適課程或反省。

像這一類「緩衝區」（buffer area）的設置，體育老師指出，不僅有機會回顧與反省整體教學是否符合當初的課程規劃，也能讓學生調適先前的學習項目，即學生可增強技能，亦可補足技能。

當然，一旦教學進度或學習表現均偏向正面的話，這幾周也能實施學生感興趣的課程，例如，全班可以一起去溜冰場、打芬蘭式棒球，甚至是直接到附近公園玩捉迷藏（八年級女生很喜歡的活動之一）等。

沒有固定的上課地點

由於體能活動多元，上課沒有固定場域，全視上課內容和當時氣候而定。

以八年級為例，上課地點除了學校多功能體育館外，還包括：野外定向的運動場 Meilahti Sports Park（此距學校約3.5公里，搭乘公車約25分鐘）；市中心游泳池 Helsinki Swimming Stadium（離校約３公里，搭乘電車加上步行約25分鐘）；玩飛盤與足球練習場的 vainamoinen 公園（離校約800公尺，走路約10分鐘）；劍術練習場地 Töölö Sports Hall（離校約2.2公里，搭公車約20分鐘）……上課地點距離學校有近有遠，較遠者，師生會一起搭乘公共運輸，較近者，則各自行步行至場地集合。至於是否會有安全考量問題？師生的回答則相當一致：「沒問題，這麼做已經很多年了……」

事實上，不僅體育課如此，這些通勤經驗也一直作為其他學科教學的一部分（本書在某些課堂中已有相關提及，此不再贅述），這也使得學校並未特別設定「出入門禁」，「出入」是自然的事。

譯注：

1 此用語本來是我自己觀察紀錄時所用，後來變成了我與師生溝通的用詞。其意旨「用來分隔或連接前後學習階段或學習任務的地區，主要目的在為前階段的學習缺漏設置轉圜區，即學生可於此時做出補救學習」。

施測前，卻傳來不幸消息……

"Move!"[2]，是芬蘭針對境內五年級生和八年級生實施的一種檢測身體機能和反饋的系統，主要透過一系列體能項目的測試，了解其身體鍛鍊情形，並進一步研擬合適的體育政策和課程改進策略。

個案學校原擬十月初為八年級生施測，但在九月中，芬蘭媒體如Yle卻報導了一間位於Espoo的綜合學校男童在進行Move!檢測後不久，隨即猝死的消息，此讓其他尚未施測的學校有些疑慮與議論。

學生：這（新聞）會影響我們施測嗎？

體育老師H：不會……沒有證據說男孩的猝死與Move!有關（非正式觀察——走廊上，201809）。

校長：我們不一定要一次完成檢測，可以分幾次實施。

體育老師H：我也想分成兩次到三次完成這些測驗項目（非正式觀察——學校咖啡廳，201809）。

相較師生，家長較無意見。然而，體育教師H指出，為避免引起不必要恐慌，她也有一些因應策略。

> 我會在星期二的健康教育課跟他們提一下……心理健康和身體健康一樣要注意……然後我也會跟家長提這件事（訪體育老師，201809）。

次周健康教育課，H師主動提及此事，並再度提醒學生正確的運動觀念應包括「運動中勇敢地提出自己的不適」，同時給予正向心理建設。後來，她也一共寫了兩封信傳送給每一位八年級學生和其家長，內容大抵是：「Move! 將如期舉行」、「請以平

譯注：

2 此系統是2010年教育文化部（Ministry of Education and Culture）和芬蘭國家教育局（Finnish National Agency for Education）委託韋斯屈萊大學（University of Jyväskylä）體育學院所開發一針對身體機能進行檢測的國家監控系統，於2016年秋季之後在芬蘭基礎教育學校正式啟動，不過，在此之前，已有不少學校先行實施。關於Move!計畫詳細內容可進一步參閱 https://www.oph.fi/en/education-and-qualifications/move-monitoring-system-physical-functional-capacity。

常心應試」、「一旦接受施測應量力而為」，以及「要有勇氣向他人說出自己當前的體能狀態」等。

觀察外一章：增強自我形象和信念——相信自己最終會「成功」？

延續我對師生施測Move!當天的一些觀察紀錄與反省。

Move!以測量學生的耐力（endurance）、強度（strength）、速度（speed）、活動能力（mobility）、平衡能力（balance），以及基本運動技能（basic motor skills）為主，結果可為學生的身體機能狀態提供信息，此系統的測量方法與項目通過實驗測試，具相當可靠性（FNAE，2016）。Move!的測量項目包括：

- 0米線跑（耐力、運動技巧）
- 連續5次跳躍（下肢強度、速度、動態平衡技巧、運動技巧）
- 上身提升（核心強度）
- 俯臥撐（上肢強度）
- 身體的流暢性

- 下蹲（骨盆區域和下肢的活動性）
- 下背部伸展（下背部和臀部區域關節的運動範圍）
- 左右肩膀的活動性（上肢和肩膀區域的活動能力）
- 拋接（處理技巧、感知運動技巧、上肢強度）

男女生依然分開上課、分開檢測。這是學生第一次接受Move!檢測，她們看起來都相當興奮。開始之前，學生如同上體育課一樣先更換適合伸展的服裝，在芬蘭校園，由於沒有統一的制服或運動服，學生有體育課的當天會自行攜帶一適合伸展的衣服來更換。

集合後，體育老師H簡單地說明原則，然後每人發下一張檢測單，上面清楚羅列將施測項目。施測過程中，就如平日一般課堂，體育老師一人做為施測者，地點即學校多功能體育館，這似乎都讓學生表現顯得穩定。

進行檢測時，體育老師H多會親身示範。根據觀察，這些動作都不太難，以「連續5次跳躍」為例，體育老師示範「起跳前大幅擺動手臂、起跳後落地的瞬間再度起跳」等動作後，學生便逕行練習起來。此牽涉到下肢強度、速度、動態平衡技巧、運動技巧等，顯然地，學生平日也上山也下海，也競走也慢跑，也打球也跳舞，即使零下十五度也無礙於戶外運動，這都使得她們感受到這些檢測不至於困難。

在檢測過程中，有一非常有趣現象是：對於這些項目的挑戰，可能學生都做得到也做得不錯，故在進行檢測的當下，學生的神情看來相當享受。他們自己不斷切換檢測項目，在體育館裡來回「移動」，像在「玩一個好玩的遊戲」……即使有人一再地挑戰失敗，似乎也很有信心地以為自己終將會挑戰成功……我想起了體育教學任務之一乃在培養學生「積極的自我形象」（Active Self-image），是以，這是否就是鼓勵一種「我只是尚未成功」的成長型思維（Growth mindset）？

以學生C「拋接球」的表現為例（如圖4），此「拋接球」規則是「先將球拋向前方牆

圖4　學生C練習拋接球

資料來源：作者

壁的畫框內，並在球彈回、尚未落地前將球以單手或雙手接起」，C在一連試了三個回合均未能通過，但她也不焦急或氣餒，仍繼續試煉著。在拋接球過程中，有少數幾位同學在旁為她指點，但她顯然也有自己的策略——繼續加快球速、兩眼不斷注視自己拋出的球等。每漏接一次球，她便自我解嘲說：「喔，我好像知道要訣了，應該要……」她在享受自我描繪的「邁向成功」圖像裡，也為課室營造了正向氛圍。

11

正式課程篇

社會課室——

以探究取向為主的歷史課——「第一次世界大戰的起因」

即使誰的史觀，也許也就是一種誰的主觀看法而已，但歷史老師仍鼓勵學生在理解或反省這些歷史事件時，能盡量地保持客觀中立，尤其在做出評論時，也能不忘加上「以我的觀點來看……」（in my opinion...）來區分那些事實性知識。歷史老師指出，即使不是人人都是歷史學家，但學生在進行歷史探究時仍應努力朝向以「做為一名真正的歷史學家」（work as real historian）自居，即使對資料進行蒐集、詮釋，以及反思時可能仍有所偏狹／較不偏狹、全面／較不全面，但不能不意識到自己應「努力」朝向於此，而此也是歷史學習的一部分……

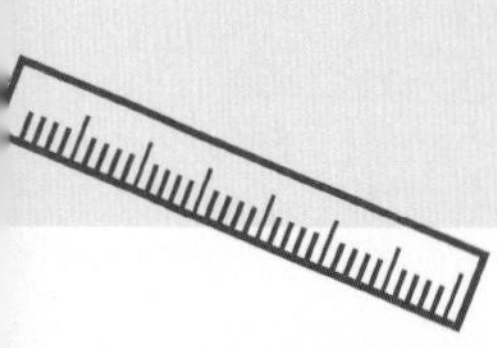

教學任務——對歷史知識本質的理解與積極地作為社會一員

以史為鏡，可以知興替。過去發生過的事件可用來引導理解當今時代的種種發展，也可據以領會心智勞動或思索物質工作的價值，甚至是未來。根據芬蘭課綱，七至九年級歷史科的教學主要任務乃在「發展學生對歷史和文化的了解，並鼓勵他們採取負責任的公民原則」、「引導學生認識到個人作為歷史參與者的重要性」、「理解活動和人類動機背後的因素」、「支持學生樹立自己的身份」，以及「促進他們理解社會的多樣性並積極地做為其中的一份子」等（FNBE, 2016: 446）。基於此，在4-6年級，歷史教學的任務是使學生熟悉歷史知識、信息獲取，以及基本概念的本質，目的是喚起學生對過去和人類活動的興趣、感知其重要性，以及進一部理解他們；在七－九年級，歷史教學的任務是加深學生對歷史知識本質的理解，支持學生發展自己的身份，並使他們熟悉文化對個人和社會的影響。

關鍵內容領域——探索議題不忘回到芬蘭本土來反省

這裡將以一間八年級課室的「第一次世紀大戰」教學為例。根據課綱，七－九年級歷史關鍵內容領域共有六項，包括：工業社會的起源和發展（The origins and development of the industrial society）、人們改變世界（People changing the world）、創建、建立和捍衛芬蘭（Creating, building, and defending Finland）、大戰時代（The Great War era）、建立福利國家（Building the welfare state），以及當今世界政治的起源（The origins of the world politics of today）。

芬蘭課室實況觀察

實施時間	二〇一八年八月至九月 每周二節
班級／學科	八年級／歷史課
學習單元	第一次世界大戰
任務名稱	探究「第一次世界大戰的起因」（The Causes of the First World War）
教學目標	O5 to guide the pupil in understanding factors that have influenced human actions and decision-making in different historical situations）
上課形式	全班一起上課

擁有三個以上學科專長的歷史老師

在個案學校，除了校長擁有博士學位外，所有教師皆具碩士學位，且擁有至少兩個以上的學科專長，較特別的是，擁有超越兩個專的教師亦不在少數，如教學經驗超過二十年的歷史老師便擁有三個以上學科專長資格，包括：歷史、宗教、芬蘭語……同時，她也是合格的小學教師，在我停留個案學校研究期間，她更用課餘時間修習法律課程，可說是一位身體力行的終身學習者。

歷史老師在接受多次訪談時均表示，她相當享受學習，她認為，透過不斷地學習不僅可以獲取生活上和專業知識上的養分，也讓她再回到課室教學時會更懂得如何引導學生真實學習，她以為，認識與理解多領域知能有助於視野上或單一學科知識的相互補充，這讓學習過程不僅變得整全、具有層次，也讓學習更趨整體性與豐富性。

在任何一節學科課堂上，具跨領域知識背景的她在教學中常「自然地」展現課程統整功力，即使她都謙稱這些課程與教學並未經過縝密設計，對學生來說，她堪稱是一位「博學多聞者」，是以，學生也常向她詢問超越單一學科的知識，有時她也充當學生的心靈導師。

關鍵內容領域相互連結與牽動

根據課綱，芬蘭歷史課的主要任務在於引導學生對歷史知識本質的理解、支持學生發展自己的身份，並使他們熟悉文化對個人和社會的影響，而為達此目的，課綱更指出，教師的教學應採交互式的（interactive）和基於探究（inquiry-base）取向的工作方法。

在七年級探究帝國主義（Imperialism）相關概念、類別，以及興起背景之後，八年級的秋季課程則延續了此軸線脈絡，來到了在新帝國主義持續擴張（商業利益的競爭、殖民地的爭奪）、種族意識逐漸高漲（俄國高倡泛斯拉夫主義、德國主張大日耳曼主義）、祕密結盟的不斷盛行（同盟國、協約國）下，所爆發的世界大戰之探討。

根據歷史老師的規劃，本學期將進行的關鍵內容領域主要在「大戰時代」（The Great War era），主題則為第一次世界大戰和第二次世界大戰。歷史老師指出，關鍵內容領域雖然看似設置在「C4大戰時代」，但程度上也涉及對其他內容領域的學習。例如，在第二次世界大戰中，芬蘭因拒絕蘇聯提出以北方領土換取列寧格勒外圍領土來保障蘇聯安全要求而導致了為期四個月的冬季戰爭，最後芬蘭因物資耗盡在向蘇請求停戰時，卻仍被迫割讓大量領土……歷史老師指出，這亦涉及「C3創建、建立和捍衛芬蘭」和「C5建立福利國家」等關鍵內容領域的學習，她以為，課綱歷史科的六大關鍵內容領域在學習過程中均可能相互牽動、保持聯繫，而這些學科內的知識統整也是師生教學的要務之一。

然而，師生如何進行教學？對此，師生延續七年級的探究取向教學模式，個人探究和小組合作探究兩種方式均採之。所謂探究，簡言之，便是由學生主動地去探尋並尋求解決問題的過程。以歷史老師給予個人的第一項探究任務「第一次世界大戰的起因」（The Causes of the First World War）為例，歷史老師引導學生先探索第一次世界大戰爆發的背景脈絡，然後就此範圍內去形成一個重要且自己也感興趣的研究問題進行資料蒐集，最後加以分析與做出結論等。

推薦學生閱讀的文本

歷史老師指出，各種史觀不一定涉及對錯，不同的人本有不同觀點。她指出，由於這些重大戰爭發生年代與此一世代學生相距較遠，若要引導學生去認識或理解這些事件並從中記取可資借鏡之處，恐怕也僅能透過既有文獻文件、他人言說或著作、某些紀錄片等著手。然而，她也擔心一旦學生所選閱聽版本或思辨觀點過於單一面向、或明顯偏向某種意識型態時，將可背離教育。

再以「第一次世界大戰的起因」為例。歷史老師以為，對這些可能首次才認識與接觸這些重要歷史戰爭或關鍵人物的青春學子來說，為其指出較適合其年齡或學識素養的讀本，也相當重要，更是歷史教學的一部份。是以，當她在揭示完任務內容後，她也不忘推薦學生可家以參考的文本。

歷史老師：	我推薦一些網站和參考書給你們參考……你們可以看看這本 *Modern World History*……
學生L：	這一本我們教室櫃子有……
歷史老師：	它是我推薦的其中一本，你們可以參考它的第一章。

（歷史課堂觀察，201808）

當歷史老師在向學生介紹這項任務同時，她也特別向學生推薦了這本由Ben Walsh所編寫、書名為“*Modern World History*”的第二版參考書。歷史教師也向學生提出說明，指雌此書的優點在於較為清晰地解釋和選擇了原始資料的核心內容，而此書也一向受到世界多國學校歡迎，這亦是她強力推薦學生閱讀的主因之一。

事實上，這本書籍一直做為專科教室內的重要參考用書之一，學生在七年級時便已有使用經驗，故對它並不陌生，而教師也對學生常有提醒，書櫃中仍有其他版本書籍，她以為，學生仍可以相互參看，甚至對不同版本文章內容進行比較。

先見林，然後再選一棵樹！

第一次世界大戰是一場於一九一四年到一九一八年主要發生於歐洲的大戰，在此時空條件下，學生本不易於一時之間對多數戰役和戰役發生原因能全面地掌握與兼顧，是以，當學生對第一次世界大戰爆發的背景脈絡有初步理解後，教師也給予學生一些較明確的繼續探究方向和關鍵問題索引，以讓學生「先見林，再選一棵樹」進行研究。她在教學簡報上寫著：

- 先了解第一次世界大戰和其主要戰役、發生地點，以及時間
- 選擇一場戰役／前線／人（請與老師討論），並提出適當研究問題，以上請在下週前寄出信件給老師。
- 請準時完成！

第一次世界大戰之前的脈絡理解也是必要……學生要先知道整個歐洲狀況，包括芬蘭的角色……只要找一個小部分來研究就好……你不可能都去研究……好好去理解一場戰爭會發生背後的原因已經足夠，也是這方案的重點……（訪歷史老師，201808）

我還沒有決定好要研究哪一部分，但我對德國的角色很好奇……我在想，德國人為何支持奧匈帝國向俄羅斯帝國和法國宣戰……（訪學生D，201808）

以學生D為例，她一邊閱讀“*Modern World History*”，一邊上網蒐集關於第一次世界大戰爆發的相關資訊，同時也不忘停下來與身邊友伴討論，偶爾，她也舉手向正在教室巡邏的歷史老師請益。

多數學生與D一樣，他們幾乎都利用電腦蒐集訊息，也翻開歷史筆記本寫下不少重點摘要，這些內容包括：大戰背景脈落、開戰原因、自己心得或反省……。此外，學生D還利用電腦整理資料，她將所蒐集到的資料做出畫面擷取、分類與整理，有時也開分享與他人共用這些資訊。

任務進行至第二周，她在筆記本上已整理出不少「自己版本」的一次世界大戰爆發原因，較特別是，透過與他人對話與文本閱讀，她在筆記本上是以「自問自答」方式來解釋第一次世界大戰起因，此舉幾組問答如下：

自問：是誰戰爭中第一位受害者？

自答：戰爭的第一傷亡或說第一位受害者是奧匈帝國皇儲斐迪南大公夫婦。

自問：以我的觀點來看，造成一次大戰的原因是？

自答：奧匈帝國皇儲斐迪南大公是王位的繼承人，而其強大帝國覆蓋了整個中歐……他的死亡很快導致了一場席捲歐洲所有主要大國的全面戰爭……

自問：是德國發動戰爭嗎？

自答：德國是戰爭發生原因之一，但不是塞族人刺殺奧匈帝國皇儲以致發動戰爭的唯一原因，不過，德國卻將許多國家一同捲入並擴大了戰爭……（訪學生，201808）

強調對研究倫理的注重

當學生在進行「第一次世界大戰的起因」探究時，根據觀察，學生於網路上檢索資料或參考紙本書籍時，通常會一邊閱讀、一邊記下／拍下參考資料的位址或出版訊息，並將其整理列於研究報告的末頁。

由於多數學生已有探究或研究主題的經驗，對於研究倫理的意義也多知悉。對此，多位學科老師也指出，平日課室探究主題時，也都不斷地向學生強調學術的誠信行為，如「領域或主題內的基礎知識和常識不需要特別被指出」、「若對資料來源是否為常識有所遲疑時，那麼就應該引用」等。

> 我們知道要把參考資料放在報告的最末頁……我們早就知道要這麼做了……這可以讓別人知道我參考哪些資料，還有一些裡面的一些話又是誰說的……（訪學生Y，201803）。

不過，顯然地，歷史老師比其他學科老師更注意學生是否清楚標示參考文章的來源、文獻書寫的格式等。歷史老師以為，引導學生了解學術誠信在實踐中的意義至關重要，因為它能幫助學生去發展並了解探究、溝通，以及行動中的誠信問題，這對於歷史科尤其重要。她也進一步指出，學生已來到八年級，對於探究式學習應更為嚴謹。為此，她也特別安排了近一節課時間為學生再度解釋參考文獻格式的寫法，以及一些注意事項。

鼓勵朝向做為一名真正的歷史學家——「請客觀！」

史觀，是對歷史所採取的一種觀點，此觀點可能來自於對歷史事實的科學分析、歸納或解釋，也可能來自於對歷史觀念的哲學綜合、演繹或規範等。換言之，人人來自不同的生長背景、政治立場、宗教信仰等，人人可能都有屬於自己的史觀。

然而，即使誰的史觀，也許也就是一種誰的主觀看法而已，但歷史老師仍鼓勵學生在理解或反省這些歷史事件時，能盡量地保持客觀中立，尤其在做出評論時，也能不忘加上「以我的觀點來看……」（in my opinion...）[1]來區分那些事實性知識。歷史老師指出，即使不是人人都是歷史學家，但學生在進行歷史探究時仍應努力朝向以「做為一名真正的歷史學家」（work as real historian）自居，即使對資料進行蒐集、詮釋，以及反思時可能仍有所偏狹／較不偏狹、全面／較不全面，但不能不意識到自己應「努力」朝向於此，而此也是歷史學習的一部分，更是歷史教師的教學責任。易言之，師

譯注：

1　前文中提及學生D的自問自答例舉第二題「以我的觀點，造成一次大戰的原因是？」便是一例。

生應時時體認到自己和他人「正」作為一名歷史參與者的重要性。

紙筆測驗內容以批判分析取向為主

根據課綱，在歷史學科評量中，反饋的目的在於鼓勵學生提出自己的解釋並討論自己的觀點，除了書面作業（written assignments）外，教師也應考慮學生在工作和產出方面的多樣化表現，更重要的是，評估範圍不是內容的記憶，而是注重知識的運用和對歷史思維（historical thinking）的掌握。（FNBE, 2016: 448）

那麼，師生如何評量「第一次世紀大戰起因」探究？師生除了在學教歷程中的口頭、討論等形成性或診斷性評量之外，在將近兩個月的個人探究之後，學生也必須將研究報告成果以電子郵件附加檔案方式直接傳送給歷史老師收取，而老師在閱讀並給予評價之後，會再將分數回傳給學生以做確認，並在全數回傳後的次一回課堂上，再向大家說明此項任務成果的整體表現優缺，以鼓勵見賢思齊或下次改進。

然而，此「第一次世紀大戰起因」或整個主題完成之後是否進行紙筆測驗？答案是有的。在學期將結束之前，歷史老師將本學期所學的幾個重要概念加以整理、複習與公開，讓學生能先預做準備，這些題目均是過去一學期師生所教學，如為什麼會發生第一次世界大戰？你認為最主要的原因為何？當時，芬蘭扮演的角色為何？……對此，教師一邊鼓勵學生學習以客觀與中立的立場來陳述事實，同時也鼓勵他們提出「以我的觀點來看……」（in my opinion……）批判性觀點，惟顯然地，教師引導他學生朝向的是對於人性關懷和人權議題等方向上去思索。

12

正式課程篇

社會課室——宗教課到底上些什麼？無神論者也要參與？

我訪談一位穆斯林時，因見她的精神狀態不佳，便主動向她提出提前結束訪談好讓她返家休息。離去前，我提到想與她一起分享我帶來的餅乾，這時，她告訴我她正齋戒月（Ramadan）中，白天禁食、不可飲水，她回應我時的眼神炯炯、意志堅定，與方才的疲態完全不同，這一幕讓我印象相當深刻。從那時候起，我也更清楚地理解到身為穆斯林的她是如何看重她的信仰，尤其對齋戒月中「透過反省、學習超越身心誘惑，以回到純淨狀態」的堅定信念，即使她僅是一位十歲出頭的女孩，但那宗教給她的力量，已遠遠超乎我的想像。後來，她還與我分享，她無法想像學校沒有宗教教育會是多麼令人沮喪的一件事……

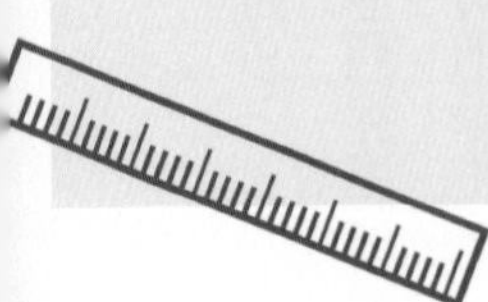

教學任務——提供有關宗教和世界觀的一般知能

根據芬蘭課綱，七至九年級宗教教學主要任務乃在「為學生提供有關宗教和世界觀的廣泛一般知能」、「熟悉所研究的宗教及其多樣性」，以及「促進對宗教與文化之間關係和與宗教和世界觀有關的多元識讀的理解」（FNBE, 2016: 435）。基於此，在一－二年級，宗教教學的任務是引導學生了解和欣賞他們自己關於宗教和世界觀的背景，並在班級、學校，以及地方等學習尊重宗教和世界觀之多樣性；在三－六年級年級，宗教教學的任務是擴展並加深學生對自己宗教的基礎知識，學習所探究宗教的聖書、傳說、主要教條、道德原則、儀式，以及習俗等；在七－九年級，宗教教學的任務讓學生了解所研究的宗教是一種文化和社會現象，加深並豐富他們對所研究宗教的根源、來源、教條及教義的理解，以及其對世界造成的影響。

關鍵內容領域——從個人經驗、宗教與文化之間關係，到對人性的關懷

根據課綱，七－九年級宗教關鍵內容領域共有三項，包括：學生與他自己宗教

的關係（The pupil's relationship with his or her own religion）、宗教世界（The world of religions）、美好生活（Good life）。

芬蘭課室實況觀察

班級／學科	一至九年級／宗教課（伊斯蘭教、路德教派）每周1節
上課形式	依宗教別分開上課

概覽：芬蘭的宗教教育、當前宗教人口分佈

宗教教育作為芬蘭學校教育的一部分的歷史，可回溯一九二三年的《基礎學校法》（Primary School Act）。此法規定，無論多數或少數民族，在校都有接受宗教教育和倫理（Ethics）的權利，即使此法頒布至今近百年，中途仍有修改，但共同原則於當今芬蘭學校依然有效，更是學校正式課程之一。

然而，芬蘭為何實施宗教教育？不同宗教信仰的學生如何在同一宗教課上學習或相互交流？宗教教育到底教些什麼？不同宗教者如何對話？會否「冒犯」他人？或感

受「被冒犯」？上述都是令人感到好奇的問題。

從芬蘭政府最新統計資料來看（如表1），至二〇一八年底，大多數芬蘭人都是芬蘭福音路德教會（Evangelical Lutheran Church of Finland）成員（69.8%），以總人口約550萬來計算，全芬就有380萬成員信奉此教，儘管其會員人數最近一直下降[2]。至二〇一八年底，第二大宗教族群（Population Register or unknown）（未知的）佔人口的27.4%，增長也相當迅速，此外，還有一小部分屬於希臘東正教（Greek

譯注：

2 離開教會的教堂成員人數在2010年秋季特別大幅度增長，其主因在於保守派主教和代表基督教徒的政客發表關於同性戀和同性婚姻（被認為對LGBT人不寬容）的陳述所引起。

表1　芬蘭的宗教人口分配（%）

	1900	1950	2000	2017	2018
芬蘭福音路德教會 Evangelical Lutheran Church of Finland	98,1	95,0	85,1	70,9	69,8
希臘東正教 Greek Orthodox Church	1,7	1,7	1,1	1,1	1,1
其他宗教 Other	0,2	0,5	1,1	1,6	1,7
未知 Population Register or unknown	-	2,8	12,7	26,3	27,4

資料來源：Statistics Finland. http://tilastokeskus.fi/tup/suoluk/suoluk_vaesto_en.html#structure Retrieved 28 Oct. 2019.

Orthodox）（1.1%），剩下則為其他（1.7%）。

在芬蘭學校裡，學生依不同宗教在不同教室上課，這可讓同一宗教者因有共同的語言談論與對話，避免不同宗教者在形成理解前造成誤解（訪伊斯蘭教老師，20180920）。回想第一次參與芬蘭宗教課程時，我心底較傾向至伊斯蘭教的課堂上觀課，原因是我對伊教徒的神祕氣息一直感到好奇、想到穆斯林殿堂一探究竟。再者，七年級某班一位穆斯林女學生所表現出的形象一直讓我印象深刻——她表現於外的氣質與性情常相當沉靜，對自己的學業品格要求嚴格，甚至幾次我隨她一起去找她的胞妹（其妹就讀同間學校小學三年級）時，也見她會面容凜然地要求妹妹隨時注意舉止端莊和禮儀，但每當被姊姊言詞指正時，她卻也能立即收斂容色，舉止行為如同姊姊一般，可說相當順從。這些表象經驗都讓我期待能到伊斯蘭教的課堂上去觀察他們到底做些什麼？是否所有穆斯林學生的表現是否都那麼相同？他們的宗教教義是什麼？為何如此重視「戒律」？

傳教？行宗教儀式？

第一次觀宗教課時，我卻在教室外躊躇良久。雖然想到伊斯蘭教課堂觀課，但就在即將踏入這扇「伊斯蘭教」大門的那一刻，我竟感到害怕！由於當時我尚未完全理解芬蘭宗教教育的目的，僅粗淺地以為「宗教教育即傳教」、「宗教教育即進行宗教儀式」等，我對自己於這些宗教一知半解下極有可能會觸犯教徒們的禁忌、造成大家困擾一事憂心不已。換言之，我以為，那些後果恐超乎單純地作為一名參與觀課者所能承擔，「因無知而冒犯」不是我所樂見的。

那麼，我應進入哪一扇「宗教大門」才好？到路德教派教室嗎？還是東正教教室……在仍克服不了對這些「過度想像」恐懼下，最終，我決定打退堂鼓，轉往向倫理課（Ethic）去觀課[3]。那時，我所下的決定是——自己應該準備更充足、甚至提前向任課老師請益自己的「非教徒」身分是否適合參與課堂後再決定是否進班觀課。

每當我回想起這段自己初次站在課室外對這麼多扇「宗教大門」進行選擇時的內心交戰一幕時，無不感到莞爾與羞赧，實因無論哪一課室，其課程目標之一都朝向於促進不同宗教之間的相互認識與理解，根據課綱，每一扇大門後的宗教教育目的最終

譯注：

3　倫理課是專為無宗教信仰者或有宗教信仰但因某些因素（如師資、人數過少）在學校未能開成課者所準備，當時我思考，這應是當下最符合我慎思恐懼的觀課場域。

都是朝向對人性的關懷。

倫理課室：多元文化環境豐富認知歷程與促進認知向度

當決定轉往倫理課堂觀課後，我也特別做了一番「場域中宗教人口」的觀察。相較於在走廊上看到等候伊斯蘭教課堂的學生約有七位（全校穆斯林學生較少，故七－九年級穆斯林學生以混齡上課），倫理課的學生顯然較多，這些學生不僅都來自於同一個年級（都是七年級生），人數更有近十位，他們的宗教背景不盡相同，除了無神論、無宗教信仰外，凡信奉有其他宗教卻因全校總人數較少且未參與跨校合開課程者，也都齊聚於這間教室，學生的家庭文化背景顯然更為多樣多元。

根據芬蘭課綱，倫理教育的主要任務則在促進學生追求美好生活的能力，而教師要能引導學生成為獨立、開放、負責任，以及具辨別力（discerning）的社會成員（FNBE, 2016: 442）。此外，課綱也指出，倫理教學不僅要支持學生有關世界觀和文化的一般知能，也要培養其思考、道德和批判性地行動，以及學習如何學習（learning-to-learn）能力的發展（FNBE, 2016: 443）。

當我一進班級後，又是讓人震驚的是——這堂課主題為「伊蘭教的歷史」（The

history of Islam），而在台上報告此主題者竟是兩位信奉印度教（Hinduism）的學生！我見他們接連上場，正努力地向全班同學展示她們對「伊蘭教的歷史」的理解，當時，我還一度懷疑自己仍走錯了「宗教大門」，趕緊向身旁的學生再三確認後才能篤定自己確實身在倫理課堂中！

當學生報告完畢後，師生共同針對報告的內容進行理解、省思，以及批判，甚至有學生還進一步地比較了猶太教、基督教、伊斯蘭教三者之間的異同，當在歧異處不得其解時，兩位印度教學生還特別提出建議：「我們在報告之前有請Aru（校內一位伊斯蘭教徒）看過這些簡報了，或許等一下下課後我們可以一起去請教她」（201803，課室觀察）。

伊斯蘭教課室：以反思性教學為主

後來，我也陸續地來到每一間宗教課室觀課。其中，伊斯蘭教課是最我喜歡參與的課堂之一。

「伊斯蘭」原意為和平、順從，穆斯林信仰獨一且無與倫比的阿拉，他們以為人生的唯一目的便是崇拜或順從阿拉。五功，被認為是所有穆斯林都需要遵行的義務，分別為：唸清真言、日常禮拜、施捨、齋戒、一生至少一次到麥加朝拜。

相較起來，伊斯蘭教課堂氛圍明顯地較為平靜、充滿反思性。穆斯林內斂、沉穩的性格從課堂上老師所鋪設的任務內容與學生的反應多能窺知一二。例如，有一次上課，當老師請問他們還希望能從這門課程中學到些什麼時，他們先是沉思，然後將所思寫於筆記本上，接著才一一說出自己的想法，他們的回應極具深度且知性，包括：

- 不同的論證方法
- 對自我宗教和傳統進行道德思考
- 人權
- 宗教如何影響一個人的生命選擇
- 自我生命的倫理問題
- 行動的因果

宗教老師L：	為什麼會是『人權』？
學生：	想知道它們之間的關係……

宗教老師L：	關於人權和宗教，你有什麼看法嗎？
學生：	人……會因為宗教信仰的不同而受到歧視嗎？
宗教老師L：	這是很好的問題…… （伊斯蘭教課堂觀察，201810）

由於這位宗教老師L在同一學期也擔任路德福音教派課堂的指導者，然而，我卻發現，同樣的問題他並沒有在路德福音教派課堂提出，這一點也讓我感到好奇，於是，下課後，我也特別向他請教：

我：	L，為何我們沒有在路德福音課堂也提出一樣的問題？有什麼特別原因嗎？
宗教老師L：	（笑）這些穆斯林學生真的學得很好，我知道他們一定還想再學得深一點……我必須誠實地說，他們的反省真的比其他的宗教課堂學生都還要深入…… （伊斯蘭教課堂觀察，201810）

然而，上課內容的差距，會否造成任務上難度的不同以及教學評量上的困難？對此，教師L笑著說一點也不，他提到，「宗教教育的教學目標是一致的」，「他們的分

數是個人的事，與他人無關」（訪宗教老師L，20181026）。

路德福音教派課室：要更能去認識與理解其他宗教

路德宗（Lutheranism）是以馬丁路德的宗教思想為依據的各教會團體之統稱，強調《聖經》的最高權威，認為《聖經》是上帝的啟示，主張人們唯有對基督的真正信仰，才能成為「義人」，即無罪的、得永生之人。

在芬蘭，如是信仰者占有大宗，個案學校也不例外。如同七年級的倫理課，在路德福音教派課堂上，宗教老師S也為學生指派了相似任務。依據課綱，在為讓學生認識與理解世界主要宗教的意涵和內容上，她讓學生每二至三人一組，並各擇一宗教進行探究、做成簡報，然後再依周次輪流上台報告，以促進自己和他人對各種宗教的認識與理解。然而，S老師也指出，此與其他宗教課堂有一主要差異，即「這些學生自小成長於芬蘭，對環境很熟悉了……他們必須要比其他非路德教派的人要有更能去認識其他宗教，因為我們生活在同一塊土地……」。

在此報告中，學生需要特別凸顯什麼內容？對此，S老師也向全班學生指出，此報告內容必須包括：

- 此宗教分布範圍
- 主要教義
- 如何實踐？如何影響人的生命？有何傳統、慶典或儀式？
- 歷史脈絡為何？
- 特性（與其他宗教不同之處）
- 圖片分享／影片播放／其他

在此項任務中，有兩名學生透過合作一起完成對佛教的探究。某周，當她們在上台報告，除了提及佛教發源於距今約2500年前的古印度外，也提到佛教的創始人為釋迦牟尼，她們在螢幕上展出釋迦牟尼佛圖像時，許多學生都感到相當興趣（如圖1）。此外，兩人也分析了佛教與其他宗教較無不同之處，例如：釋迦牟尼是人而非神、佛不是獨一無二的、人人皆可成佛等。

在兩位同學報告過程中，有些學生似乎是第一次接觸佛教，他們在聽取報告時都有不少疑問，更提出不少令他們感到有趣的問題，例如：為何釋迦牟尼佛是「坐著」的形象？不同的「苦」有何差別？[4]對於這些問題，顯然地，師生一時之間也無法立即回應，S教師的變通方法便是邀請大家先將問題寫在筆記本上，向大家建議課後可繼續進行探究，下次上課時可再來相互補充。

在報告的最後，兩位報告者也邀請大家一起體驗「禪坐」（如圖2）。[5]她們先提到了「禪坐」乃緣起於印度瑜珈，後來成為佛教最主要的禪定修習法之一，其行動的目的主要在於超越自我、擺脫困惑，以及回歸自然等。在簡單說明之後，他們邀請同學席地而坐，體驗並感受「禪坐」，所有同學雖都躍躍欲試，但對於「禪坐」時手腳

圖1　兩位學生在台前分享佛教歷史
圖片來源：作者

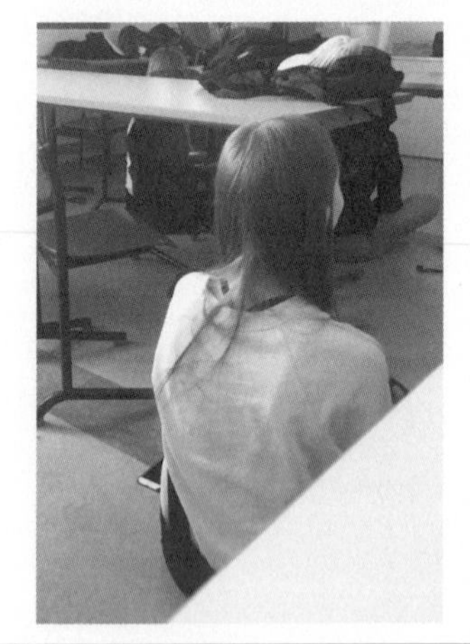

圖2　邀請同學體驗「禪坐」
圖片來源：作者

應如何擺放、眼睛是否閉起等問題一直感到困惑，兩位報告者被問及時也無法立即反應，便直接在投影中的電腦螢幕上直接搜尋資訊起來，全班一起看著畫面一邊思考關鍵字、一邊找尋想要的答案。

觀察外一章：「你的國家沒有宗教課？」

剛到個案學校不久，班上一位巴基斯坦女孩內斂且沉穩的氣質相當令人注意。時常，她都保持安靜的、穩重，以及若有所思。然一旦上課時，她對於學科老師給予的任務與提問卻又十分積極回應，她重視自己的課業、待人和善，與她談話時，更能感受到她的柔順與體貼。有時，我也俗氣且莞爾地想——若以本土中小學校園的模範生票選規準，她一定直接當選。

不過，相較於其他學生看似「無憂無慮」，她總帶有一點「先天下之憂而憂、後天下之樂而樂」的杞人憂天。她曾告訴我，未來，她想作為一名出色醫師，為

譯注：

4　佛教認為，一切生存是「苦」，而「苦」又有許多不同分類，如三苦、八苦等，

5　禪坐，是佛教禪宗的一種基本修行方法，鼓勵觀想最本真的自己、消除煩惱，進入無我的境界。

此，她現在必須更努力地學習，而這也是為何她如此重視課業的原因。

我參與課室觀察約半個月後，有一天，她突然向我走來。

「你好像待好久了，你會待多久？」她問。

「一年，我會待到明年初。」我回答著。

「哇？這時間很長……這裡的訪客不會待這麼久……」她微笑著說。

「你們常有訪客嗎？」我問。

「會，不得不說常常有……」她的眼睛突然微微地發亮。

「他們會做什麼呢？」我問。

「會進到教室問我們（學生）一些問題，像正在上什麼課、做什麼任務和評量，差不多這些……」她耐心地說。

我點點頭。

「你是學生嗎？」她接著問。

「我是學生也是老師，你們有課業問題，我會很樂意幫忙，尤其是數學……」

我笑著回答她。

「這很酷……我很好奇你的國家怎麼上課……和我們一樣嗎？」她問。

「事實上，不太一樣……」我對她說。

在芬蘭參與課室觀察的這一年，這位巴基斯坦女孩始終是我最好的友伴。沒有她時常給我的無私協助，我無法完成許多任務。誠如我對她的第一印象，信奉伊斯蘭教的她始終沉穩、剛毅、堅守「要怎麼收穫便怎麼栽」人生哲學，也引領我看到了原來宗教教育在學校教育佔有如此重要的位置，甚至也影響了她的人生觀和諸多行動。

每當我作業不懂、跟不上師生進度時，一旦她心有餘力時總會回頭看看我、給予照應。她最常回應我的一句話是：「我領受你的處境，我可以明白，你放心，我願意幫助你……」更多時候，我都覺得她就像是我的另一位老師，即使她才12歲。

記得有一回，我正訪談她時，因見她的精神狀態不佳，便主動向她提出提前結束訪談好讓她返家休息。離去前，我提到想與她一起分享我帶來的餅乾，這時，她告訴我她正齋戒月（Ramadan）中，白天禁食、不可飲水，她回應我時的眼神炯炯、意志堅定，與方才的疲態完全不同，這一幕讓我印象相當深刻。從那時候起，我也更清楚地理解到身為穆斯林的她是如何看重她的信仰，尤其對齋戒月中「透過反省、學習超越身心誘惑，以回到純淨狀態」的堅定信念，即使她僅是一位十歲出頭的女孩，但那宗教給她的力量，已遠遠超乎我的想像。後來，她還與我分享，她無法想像學校沒有宗教教育會是多麼令人沮喪的一件事……

她說得一點也不錯，當我在參與伊斯蘭教幾次課堂之後，我以為自己再也離不開這個課堂了。在課室裡，師生的對話充滿思辯、關懷，以及批判性思考，即使對一個有神論的穆斯林、一個無神論的我來說，我們共處一室的學習與對談並沒有任何妨礙，有的卻是更多的認識、理解，以及相互包容。是以，當她知道宗教課程在台灣並不作為一門學科時，她顯然相當訝異。至於我在參與觀察一整年的芬蘭宗教課堂後回到台灣，也一直思考自己究竟可以如何與大家一起來思考這個「懸缺課程」重要議題。

13

正式課程篇

現象為本學習——蘊含立體學習地景的沃土——現象為本學習（Phenomenon-based Learning）

赫爾辛基市府鼓勵所在地區學校實施「現象為本學習」，鼓勵師生「以真實世界中的現象為意義之網，從提出問題或懷疑出發，網絡著各領域知能的統合，注意統整學習之間銜接的意義性，隨時空進展不斷地進行探討，以達成對此現象較為全面且整體的學習與理解，甚至提出解決之道或建議」……

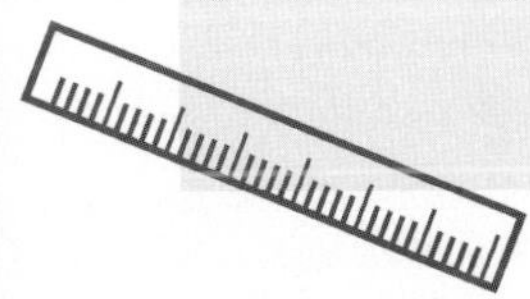

以真實世界中的現象為意義之網的探究式學習

為培養學生「七大橫向能力」，新課綱規定每間學校每學年至少需實施一次「多學科學習模組」（multidisciplinary learning module），此課程設計可以是學習科目的整合，也可以是跨年級的課程設計。

據此，赫爾辛基市府鼓勵所在地區學校實施「現象為本學習」，鼓勵師生「以真實世界中的現象為意義之網，從提出問題或懷疑出發，網絡著各領域知能的統合，注意統整學習之間銜接的意義性，隨時空進展不斷地進行探討，以達成對此現象較為全面且整體的學習與理解，甚至提出解決之道或建議」（陳玟樺，2019）。

換言之，透過多學科學習模組或現象為本學習取徑，主要在培養學生具備統整能力、掌握學習方法、深度認識與理解現象或問題的本質，進而解決真實世界問題。

沉浸式學習

個案學校師生如何實施現象為本學習？校長指出，由於新課綱上路不久，師生對於何謂「現象為本學習」、如何運作……仍無十足把握，他們也還在摸索和學習。

校長指出，上學期，她先到校外參與一些相關研習，教師們同時也閱讀一些文獻，在某次會議上，他們決定將在次學期（即本學期）進行為期一周的「現象為本學習周」，他們計畫該周所有的學科教學進度暫停一周，讓學生去探討他們自己感興趣的真實世界現象或問題（如圖1）。

圖1　學生正進行現象研究計畫的草構

資料來源：作者

> 上周我就想好了，我會做有關宇宙行星變化的研究……（訪B，201803）

為讓學生對此「新任務」有所準備，新學期開始後不久，老師便先鼓勵學生先思考當今世界中有什麼現象是自己感興趣的課題。

從「興趣」出發，構思自己感興趣的課題或議題

基於不少學科都有探究式學習的體驗，學生對於要去「探究一個主題」似乎不至

於覺得手足無措，根據觀察與訪談，學生的難處大多發生在初始階段「確定要探究的主題題目」，即多數學生雖具有基礎的探究能力，但卻不一定都能夠完全掌握用以表達意義或思想的「概念」一詞的理解。

這是第一次要自己去找主題……我覺得有點挑戰……不過這是我們第一次可以選擇自己想做的主題，這倒是很新鮮（訪A，20180321）。

（關於主題的決定）我想不出來，我們這組已經想很久了……英文老師建議我們做自己感興趣的東西，我們應該會往這麼方向思考（訪D，2018321）

當老師發現學生的學習困難主要在於「確定要探究的主題」時，第一時間便是鼓勵學生從興趣出發，老師提問的脈絡如「哪些是你感到興趣？」、「有沒有你想要解決的問題？」等。

五花八門的各種現象／問題探究

現象周的教學，由於教師沒有框定較強架構，這讓學生有較多空間去發展自己的探究主題，即使他們的定義有所不同、對「統整」意涵理解不一、所採取策略殊異、主要統整的向度有別，但也因此「彈跳出」（pop up）各種五花八門的探究主題與內容。

> 「犬的演化」是我感興趣的主題，我從小就喜歡動物，小犬很可愛……我不像H用繪圖軟體做動畫，我沒有興趣那麼做……我會畫圖然後剪貼、做成一棵「演化樹」（如圖2）（訪P，20180321）。
>
> 我興趣是音樂和藝術，但我這次做關於「宇宙」這個主題……（訪B，20180322）。

圖2　學生P的「演化樹」半成品

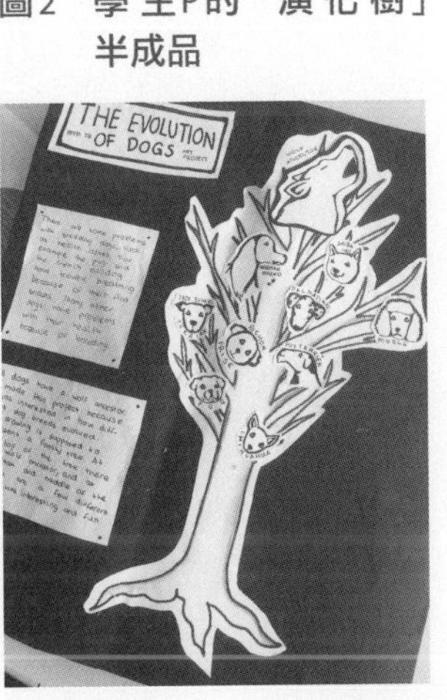

資料來源：作者

關於學生探究的主題相當多元多樣，包括：古今文學——自維多利亞時代後的文學變遷（個人）、犬的演化（個人）、流行服飾的五十年歷史（三人一組）、能源形式的改變（個人）、宇宙快速擴張（個人）……根據觀察與訪談，大多數學生都選擇自己感興趣的主題進行研究，且以個人探究為主，然而，根據所選主題性質所探究的面向乃具有有差異，如有專注於「事實性知識的探討」，也有專注於「發掘人／我、事物、現象之間關係」等。

以自我評量為主——「你跨領域學習了嗎？」

現象周的學習表現如何評量？

根據教師的籌劃，由於此現象周是首次實施，師生還在練習與學習階段，故學校決定此次學習成果並不涉及任何一科學科成績計算。然而，教師仍另規劃有可供學生自我評估學習周整體表現的「自評表」。基於現象為本學習為多學科學習模組之轉化實踐作為，故評量項目首重於引導學生思考如「你跨領域學習了嗎？」一類問題。

教師指出，規劃此表的目的除了提供表現訊息以能理解現象周學習整體表現並作為日後課程籌劃改進依據外，另一目的也在加強學生自我反饋機制的建立與再穩固，即促進學生自我評估能力的發展。

觀察外一章：我看見了立體學習（Pop-up Learning）！

在芬研究期間，我無時地被多人問起「什麼是現象為本學習？」有趣的是，提問者不僅來自他國交換生，也有很大一部分來自於芬蘭當地，甚至是個案學校師生。

一開始，我僅能夠針對自己出發前有限的文獻做出分享，後來，他們和我一樣都發現了一件事——因為研究關係，我似乎有了比他們更多的文獻、文件，以及訊息來源。例如：我知道一些學術名詞的意義和差別、〇〇時間在〇〇地點將有一現象為本學習研討會、〇〇學者談的定義和〇〇學者的定義不太一樣等。

他們開始向我聽聞訊息、「更新」對現象為本學習的理解，抑或是他們又引領我再去拜訪誰，然後我們又一起「更新」資料等。

（某次教師共備會議上）

宗教老師：到底超學科（trans-disciplinary）和多學科（multi-disciplinary）有什麼不同？

我：超學科是指學科界線不易察覺，而多學科是指學科邊界清楚……

宗教老師：那我們的現象為本學習不可以是超學科嗎？

五年級導師：可以啊，為什麼不行？

宗教老師：那為什麼要跟學生強調「學科」？

數學老師：因為七到九年級是分科教學……

五年級導師：對，不一樣……不過，就是做做看嘛……

數學老師：我蠻建議我們不要再以「周」這樣來做，這樣太花時間了。

五年級導師：你說的就是我們這幾次開會的重點，我們要來檢討並找到較好的做法……

我：我最近正好讀到一本書，有關現象為本學習，或許你們也會有興趣。

五年級導師：好啊，你要不要先說說看那是什麼……

二〇一八年十一月，幸運地，我跟隨了林思伶教授（目前任職高雄市政府文化局局長）一同參與了赫爾辛基教育周的盛會，我們一同拜訪一間學校T，觀察他們如何實施現象為本學習。

由於我已有個案學校實施的案例，再看這間學校T師生的實踐時，相當訝異是——師生所進行的現象為本學習模式與個案學校如此殊異！幾乎同一時間，我心中突然開闊起來，我思考到——會否芬蘭師生在教育政策的轉化上，其方法和手段並非如何「高深莫測」，相對的，他們僅是「大膽夢想」下願意一次次、不斷地試煉／試驗「未來課程」而已？

這讓我回想起個案學校學生在現象周的各種「彈跳出」（pop up）的學習。學生各自精采地發展了屬於自己的學習歷程和學習成果，即使有人一展平日學習素養、表現亮眼，有人卻是心餘力絀、力不從心，但學生「朝向以探究為本的統整學習」行動卻是一致清晰的、篤定的。

為此，我在我的博論中創造了一新學術名詞——「立體學習」（Pop-ups Learning），係指「不同學生基於彰權益能發揮實驗性學習（experimental learning）精神、願意主動體驗新的學習取徑或方法，甚至挑戰以具創意或創新方式來迎接挑戰，以達學習目標的一種學習方式或歷程」。

我思考，或許此雙例正好可以提供芬蘭綜合學校在此次二〇一六新課綱上路不久後，師生如何在課綱「實施初期」的混沌時空中，仍試圖展演屬於他們自己學校文化的典範例，當下，有許多師生正在實踐屬於他們自己獨樹一幟的現象為本學習體驗，有無數個自動「彈跳出」（pop up）的實踐正在發生。

是以，我要敬佩的可能不僅是課室師生學教的創意和勇氣，更是對整個芬蘭教育政策制定、地方教育機關，以及社會大眾對於此「試（誤）」過程抱有較大的忍受空間，在新課綱實施下，能夠一起「匍匐」前進，對某些政令或施作條項的意涵、實施方式等一再調整與定義，或說正為它塑形。

如今，我也陸續地閱讀到一些新的研究，指陳芬蘭實施現象為本的初步成果，如同多數的研究一樣，目前有正、反兩面影響的論述。不過，我也以為要「習於」且「樂見」這樣較多研究的來回辯證，才「越能清朗」、「越有機會透過多樣多元的素材來反省當前政策與實踐或其之間的鏈結」，它會有助於對各種結構或非結構因素、潛在的或外顯的因子的一再發掘、檢驗或反動。

正式課程篇

14 課間活動——

作為學習一環的課間活動（Recess）

芬蘭學校鼓勵孩子戶外遊戲不分四季，這讓學生的身體發展可以獲得持續且均衡，有助於回到教室後學習專注力集中，至於成人的側身照護則是配套作法，如師長們的輪流導護便是一例。當然，根據教學現場的長期觀察與訪談，我以為，此配套也有賴於第一線教師對政策的盡力落實，讓政策與實務之間的連結能有效接軌，然而，我也不禁為教師們感到憂心是——長期擔任導護工作的老師們要利用什麼時間休息？那「飛奔式」走法是否同時也蘊含有相當壓力？芬蘭教師們的情緒地景又是如何呢……

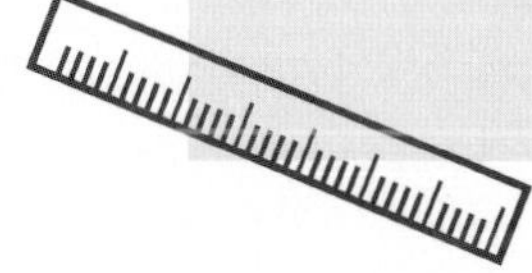

校長的苦口婆心

每周三的午後兩點到四點，為個案學校全體教師的共同備課，此日，學生會陸續在兩點前便放學完畢，教師則會齊聚於學校咖啡廳進行會議。

最近，校長在每周會議上不斷地強調擔任課間導護的教師應在課堂結束後「盡快」抵達院子以為孩子的遊戲安全進行照護與把關（這馬上讓我聯想到英文老師「飛奔式」走法），「這是學校任務的一部分，我們必須要準時抵達……」、「這是為了孩子們的安全，安全，安全第一，請大家務必配合……」校長臉色有些沉重地說。

今日會議明顯結束較晚，才一解散，老師們幾乎都急著到衣帽間整裝更鞋、匆忙下班。「準時下班」是芬蘭社會的顯著文化，很多老師都趕著要去學校接回孩子，少數一些則是去參加社團或社交活動。

教師的同理心

「可能我們做得還不夠好，也可能是有些老師因事耽擱了……」英文老師一邊戴上毛帽一邊與我分享她今日的會後心得。

「因事耽擱？」我疑惑地問。

「沒有人會不關心孩子的安全，你可以說芬蘭人是全世界上最重視孩子福利和安全的國家之一……老師一定是因為什麼事情被耽擱了才會沒有準時去院子擔任導護……」英文老師似乎有些同理地回答。

「剛剛聽校長談起，似乎並非所有的老師都擔任導護，是這樣嗎？」我問英文老師。

「是啊，已有其他任務的老師便不會在名單上面。」英文老師接著說，「像音樂老師……她在每一節下課後可能會需要去檢查樂器使用後的狀態，相信我，這不會比擔任導護輕鬆的……」她換上雪靴後又套上厚重外套，動作熟練且看似輕而易舉。

「對了，K，明天我們有訪談，一樣在咖啡廳見嗎？」在她預備離去前我趕緊提醒她明天和她的約會。

「啊，我忘了告訴你……那時段我正好被排到要督導……如果你不介意，明天可以直接約在院子裡見面，當然，我們也可以再約時間。」英文老師臨走前這麼說。

「當然，我明天去院子找你。」我對她說。

「好的，那就明天見！」K打開了門走出學校，消失在雪地裡。

強制到戶外遊戲的課間活動——人和建築物都需要休息

事實上，不僅英文老師，這個冬天，不少老師都和我約在院子做訪談，談話中常伴隨雪花紛飛，怕冷如我在初抵芬蘭時常無法專心聽說。不過，也因為如此，我有機會近距離且長期地觀察到孩子們在大雪紛飛時依然活力飽滿、活蹦亂跳。他們穿著厚重雪衣、雪靴、吊帶褲……穿梭追逐，顯然無礙於這零下十幾多度的近身包圍，移動仍十分靈活，即使追逐中跌跤常見，卻也絲毫興致未減（如圖1）。

「這麼冷的天氣孩子們卻總是玩得這麼開心。」我對身邊擔任督導的英文老師說。

「是啊！他們課間一定要出來玩一

圖1　學生下課時間在院子遊戲

資料來源：作者

玩，」她接著說：「這是芬蘭學校教育的特色——強制到院子遊戲。」

「強制？強制他們一定要出來戶外遊戲嗎？」雖然已閱讀過一些文獻，但第一次從教學現場老師口中說出時仍想再探究竟。

「對，他們需要活動才能保有健康身體，一直待在教室反而容易生病、頭痛……」英文老師進一步解釋，「建築物也要休息……」。

以往從媒體文章中得知芬蘭鼓勵學生在遊戲中學習、重視課間活動等，再探討芬蘭《基礎教育法》（*Basic Education Act*）、二〇一六新課綱《基礎教育核心課程》（*National Core Curriculum for Basic Education*）後也發現，關於課間活動也有相關規定。

全國沒有統一樣貌的日程作息表、小學生和中學生強不強制仍有差別

根據一般性規定，學校在每節至少45分鐘的教學時間結束後，要讓學生休息15分鐘，若上課時間更長（如60分鐘或75分鐘），則休息時間也必須相應延長。然而，在不違反此規定下，當地市政當局和學校仍有很大的自主權可以決定自己的日行程作息，是以，芬蘭沒有統一規定日程表。

圖2　個案學校六年級生上課日程安排

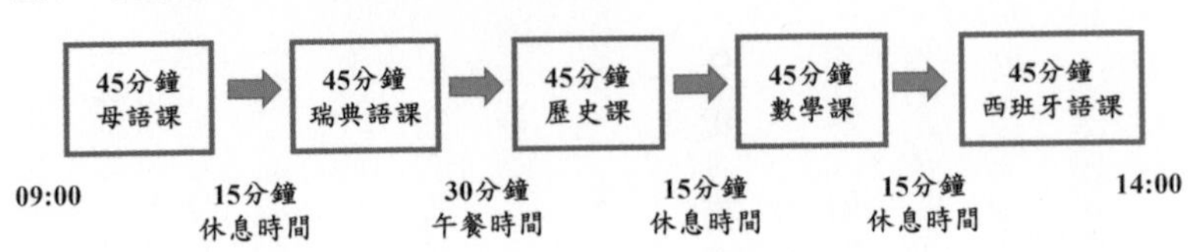

資料來源：作者自行繪製

以個案學校為例，每節上課時間為45分鐘、下課15分鐘，在課間時間（每節下課休息時間），相對於國中生因移動專科教室未受到強制外，小學生則被規定必須到院子裡玩耍，圖2即為個案學校六年級生的典型上課日程安排示例。

是以，每當下課時間一到，院子裡便佈滿了學生（為顧全遊戲品質並考量教師人力，學校也實施分批下課），其所遊戲的種類相當多元，根據觀察，大多與「奔跑」、「跳躍」為主，「玩球」則是其次。例如：學生喜愛玩追逐遊戲（類似本土學生也愛玩的「鬼抓人」遊戲）和跳繩（有時候督察老師會幫忙牽繩）、中低年級學生喜歡踢足球、高年級學生喜歡打籃球……整個院子，到處跑著追球／追人、躺在雪地上翻滾、投入各種遊戲設施的學生，即使是雪雨紛飛，依然興致高昂。

觀察外一章：教師也為課間活動備課

根據芬蘭二〇一六課綱：

"Recesses, morning assemblies and many types of common events play a key role for the school's community spirit and the pupils' healthy development, social relationships and ability to cope with the studies."（FNBE, 2016: 45）

本書僅先談到了課間時間，尚未提到晨會。不過，從芬蘭課綱和學校教師對這些看似非學科學習卻做為「正式課程」一部分之籌劃重視，便能知悉學生在學校的學習本包括休息與遊戲，這是內含於學校整體課程規劃之中的。

在芬蘭研究這一年，無論在雪地裡移動、遊戲，以及雪中與人社交等，已是一種基本生活能力，這非文化差異，而是在大自然底下，無論誰作為其中一員，都應有鍛鍊與適應自然的自覺與能力，恐怕也是「應盡的義務」。

從進入個案學校到離開，課間活動的內容與運作一直受到個案師生的討論，其中，教師的備課內容更時常包括對其品質的反省與規劃。例如，有一次週三教師研習，校長特別邀請專家蒞臨與教師一起對話思考「如何促進課間活動的品質？」（How to improve the quality of recess），我見到所有教師不分科別一起參與其中並進行腦力激盪，不斷提出有趣且務實的點子，如鼓勵學生在課間進行律動或舞蹈……這等備課內容是我第一次經歷，它有別於我過去所接受的職前或在職進修經驗。

記得有一回，特教老師問我：「你們東方學生放學後常常需要去補習是嗎？」根據過去班上孩子的學習經驗，我對她點頭說有一部分是，她看似有些同情（或同理？）地說：「親子就沒有時間相處，那會讓我們都感到沮喪……」我明白自己一時之間無法解釋清楚，但卻很清楚的是——我們的教育改革也正在努力做出改變。

我以為，芬蘭學校教育對於課間活動的重視確實可以給世界各國一些很好的思考素材與提醒，例如：學生和房子一樣都需要休息、遊戲活動有助於學習專注力更集中等。在一〇八課綱實施，本土「課間活動」之慎思與規劃絕對是一值得關注的課題，而它目前本身卻似乎也是一懸缺課題。

整體來說，芬蘭學校鼓勵孩子戶外遊戲不分四季，這讓學生的身體發展可以獲得持續且均衡，有助於回到教室後學習專注力集中，至於成人的側身照護則是配套作法，如師長們的輪流導護便是一例。當然，根據教學現場的長期觀察與訪談，我以為，此配套也有賴於第一線教師對政策的盡力落實，讓政策與實務之間的連結能有效接軌，然而，我也不禁為教師們感到憂心是——長期擔任導護工作的老師們要利用什麼時間休息？那「飛奔式」走法是否同時也蘊含有相當壓力？芬蘭教師們的情緒地景又是如何呢？[1]。

譯注：

1 不少研究指出，在人我互動為基礎的教學工作中，情緒是教學的核心，教與學本質上是情緒性（emotionality）的（Hargreaves, 1998a, 1998b; Jeffrey & Woods, 1996）。教師在工作中看似沒有直接的情緒監督者，但對他們的情緒控制卻來自隱性的專業規範、社會期望及由此導致的自我審查（尹弘飇，2009）。是以，在教育改革過程中，教師的情緒地景亦是亟需被關注的。

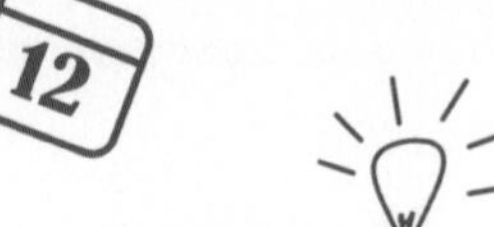

15

非正式課程篇
親師生專屬的Gala

我第一次親眼見到學校的結（畢）業典禮如是專屬於親師生，沒有天地君親師儀式、未見地方政務官員蒞臨談話、沒有華麗的會場佈置，也沒有派駐任何人作為專職招待等，所來的嘉賓就是孩子的家人，而孩子本身就作為家長的招待者，一切如此簡單卻賓主盡歡……此時，特教老師M從我身旁經過並突然問起我：

「Wen，你們學校的畢業典禮也和我們一樣嗎……」

Gala是親師生的「大日子」

今天是學期最後一天，學校Spring Gala[1]的日子。依學校規劃，今天將舉行全校結業式和九年級生的畢業典禮。對芬蘭親師生來說，Gala對學校、社區家庭，以及學生個人是相當重要的日子，它象徵著學生在學校學習一段時日後有所成長，而親師於此時將獻上最美好祝福。

Gala舉行前一個月起，全校便已充滿慶典的氣氛。師生不僅一起為禮堂妝點，各班也安排有多樣表演活動的彩排，且幾乎每一班級都有參與。偶爾經過禮堂或走廊，我都被成群結隊、表演彩排的學生們所散發出來的歡樂氣氛感染。

當看見他們認真地彩排話劇、相互對白，或一人一樂器研究樂譜、吹響樂曲時，即使每天這樣連續一至兩個小時都未進到教室裡「坐好上課」，但進行的亦是真實學

譯注：

1 所謂Gala，根據劍橋英語字典，其意為「一個特別的公開場合，有一些娛樂活動，通常以不同類型的表演形式呈現。」（a special public occasion at which there is a lot of entertainment, usually in the form of different types of performances）。

習，大家顯然相當投入，似乎也認為這是學校課程的一部分，一點也不認為是「額外多出來的事」。

以學生的個人創作為會場佈置的元素

這幾周來，由於學生彩排、教師協助場務管理等，各班課表多有變動，這讓身為參與觀察的我也更能理解Gala在師生心中如何作為一件重要且值得大家一起努力的事。這幾天，我隨師生一起忙進忙出，即使自己所做相當有限，但也記得在其彩排時為其協助、在其場佈時也盡一份心力（如圖1）。

這天，我隨視覺藝術老師來到會場。一到會場，便見到所妝點的元素和物件幾乎都是過去這一學期以來各年級學生在校的手作物或個人創作，包括：紙雕、雕塑、摺花、畫作等（如圖1）。視覺藝術老師指出，由於Gala的主角是學生，「還有什麼會比放上學生自己的作品更為適合

圖1　師生共同投入會場的佈置

資料來源：作者

呢？」她一邊笑著說話，一邊查看身邊的學生手作向日葵紙花，然後小心翼翼地將一朵稍有折毀的紙花鋪平。

「你知道的，當他們看見自己做的作品在禮堂出現，他們和他們的父母會有多開心！每一年，我們都看到學生在和他們的父母討論著自己的作品，親子間的對話……」視覺藝術老師笑著補充說。

我點頭之後，她又繼續說：「不過，在這個時候，也就是整個學校最忙碌的時候了……在芬蘭，接近學期末的這個時候通常學校內的忙碌是很可怕的，你有看到大家都忙得不可開交嗎？為了辦好Gala，大家都很盡力……」她繼續檢查著這些紙花說。

「我可以感受到……最近，我也無法跟許多師生交談，因為大家忙著彩排……對了，Jassica，我很好奇每位老師對於Gala都有主要任務嗎？像你的任務是佈置會場……老師們會如何分配這些任務？」我向她問道。

「老師的任務？依專長來分配當然是比較好的……像我和紡織老師就是專門負責會場空間布置，因為我們這裡有很多學生的作品，可以一起討論和規劃……」聽她這麼一說，我才想起剛剛看見紡織老師也拿著學生上周挑染的畫布在會場進進出出、上上下下。

「那麼，學生會一起幫忙嗎？」學生在學習中所扮演的角色一直是我的關懷，雖然看見有幾位學生也在會場幫忙張羅，但似乎還是相對少數。

「當然啊，他們可以做任何她們能做的……不過，有些事還是得由老師自己來做，這部分也是我們感受壓力的原因……」她將一朵外型被壓平、缺乏立體感的向日葵稍作反摺後再將它掛上門邊，接著突然笑著對我說：「你們以為芬蘭老師都沒有壓力？你跟著我們上課這麼久了應該知道事實並非如此……不過，辛苦這陣子後大家都有長假可放，放假對師生都是很重要的……」她接著說：「這個暑假我的親人要來找我，也許我們會一起到義大利旅行，這讓這時候的繁忙壓力可以有些舒緩……」語畢，她俏皮地對我眨了一下眼睛。

家長是唯一受邀的嘉賓

Gala當天，學校湧入許多嘉賓，大多數的嘉賓身分都是——學生家長（。我依平日上課時間抵達學校時，卻已是人山人海，特教老師M告訴我，學生的家長幾乎都已抵達（如圖2）。

我小心翼翼地穿過人群，先到個案班級去。一進班，看見導師S正在教室前方交代事項。當我坐定、凝神一看，驚訝的是——這些交往近一個學期學生們我竟然一個個都快認不出了。他們身著正式服裝、臉上塗抹一絲顏色，就連日常最為樸實的學生A也捲了髮尾、頭戴網紗，身著鑲有手工蕾絲的洋裝，完全不同於平日裝扮。

我再仔細一看，男生們多著西裝外套、髮抹凝膏，女生們多身穿小禮服、髮梳勻整，我再端詳站在前方的導師S，他身著皮褲搭配白色襯衫，外罩一件黑色皮革背心，腳踩略帶厚跟的皮鞋，讓身高本就超過190公分的他看起來更是挺拔修長……師生如此齊聚一堂，是我入校觀察這幾個月來首次見到，他們一致地以盛裝回應了對學期終了意義的重視，Gala在其心目中的地位恐怕遠超過我的想像。

困窘的是，我對於自己當下一如往常的打扮突然感到有些不好意思，也覺得自己實在太大意，竟沒有預先認知Gala對芬蘭親師生的重要意涵。

圖2　社區家長踴躍參與期末Gala

資料來源：作者

簡單而隆重的一小時

在個案學校，一－六年級和七－九年級的Gala分開舉行，前者優先，後者緊接於後，時間各約一小時，表演節目並不相同。由於第一次參與觀察盛典，我兩場均參加，卻也充分感受到學校在Gala中想要凸顯的同一種精神──「以學生為主角」，儘管過程簡單卻隆重。

以七－九年級為例，典禮開始前，禮堂先撥放幾首樂曲輕鬆愉快的音樂，再來是七、八年級生的音樂舞蹈聯合表演（共約15分鐘），緊接著，校長便上台致詞。

由於個案學校是ＩＢ學校，包含有英語教學和芬蘭語教學兩軌，是以，當校長致詞時，她前後分別以芬蘭語和英語發表說話，至於談話內容簡潔扼要，大抵是先祝賀所有學生過去一學期以來的學習成果，然後再為將展翅高飛的九年級學生獻上祝福，讓人驚喜的是──校長有重點卻又不失誠摯之情的說話僅有五分鐘！「這是學生的場子，我只是配角」，她在事後接受我的訪談這麼告訴我，讓我印象相當深刻。

接下來，副校長開始一一唱名畢業生姓名並邀請上台接受校長親頒畢業證書。每當副校長讀出一位學生姓名時，準畢業生往台前走去時，他們的家人無不也有些激動地趨步向前，意圖為子女拍下最重要一刻畫面，他們看似相當重視這場Gala對孩子本身和對家庭本身的意義，有些父母甚至還當場留下了感動眼淚。若說它僅是一場年度儀式可能還不足以凸顯其實質意涵，我以為這對親師生來說，絕對是一場讓人一輩子難忘的心靈饗宴。

最終，在典禮結束之前，七、八年級學生各再以一首歌曲互道祝福，多位師長合奏一曲承接於後，本以為典禮就要結束，卻見作為大家長的校長突然從幕後跳出，以一段一分鐘Rap為典禮閉幕，她突如其來的表演讓在座親師生感到驚喜，其具有創意的表達與對教育的熱情透過實際行動已為學校整體專業形象做出了完美的詮釋，她的表演獲得大家青睞，也為今日的Gala畫下了完美句點。

觀察外一章：時間和空間留給了學生和家長

典禮結束後，人潮沒有散去。時間剩下來了，則全數回到親師生身上。

我觀察到：學生或領著家人於校園走動、或向家人指說何處有自己的作品、或與身邊經過的人互道結（畢）業恭喜、或預祝假期愉快等，他們身著正式服裝襯托出得宜的舉止，其言談間與一般成人無異，有很多時刻，我都以為我快要分不清哪些是學生、哪些是家長了……是否，人總在一夜中長大？

看著看著突然有許多反省，「還記得自己的畢業典禮嗎？」我自問。當我作為一名學生且成為一名老師後所參與的畢業典禮，其樣態可能都是相去不遠的，也許，整個臺灣校園的畢業典禮本都是非常相類的模樣。

今天，我第一次親眼見到學校的結（畢）業典禮如是專屬於親師生，沒有天地君親師儀式、未見地方政務官員蒞臨談話、沒有華麗的會場佈置，也沒有派駐任何人作為專職招待等，所來的嘉賓就是孩子的家人，而孩子本身就作為家長的招待者，一切如此簡單卻賓主盡歡。

後來，特教老師M從我身旁經過也問起我：「Wen，你們學校的畢業典禮也和我們一樣嗎？」我思考了一下，突然不知如何回答，依直覺便說：「不太一樣，也許我們會有較多成人對孩子的談話與期待……」

當天，在回家的路上，我突然更想進一步澄清的是——儀式，究竟是誰的需要（needed）或想要（intended）？籌辦典禮的目的是什麼？誰，會真正地需要這場典禮呢？

16

非正式課程篇
學生代表會議

S師眼見當下溝通有些僵持不下，便緩緩地說道：「這一次你們的意見很明顯不同，還是以投票來決定？」

九年級生：「我不認為這種問題可以投票來決定……」

這時，L也義正詞嚴地說：「重點不是能否使用手機，而是如何正確使用！」

瞬間，大家又安靜了下來……

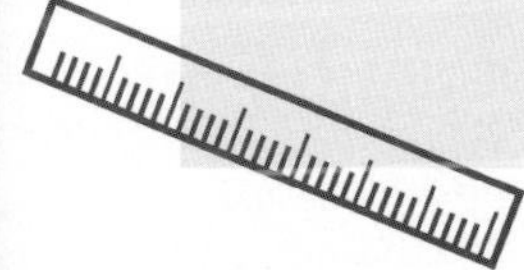

引導關心「世界正發生的事」

二〇一八年七月三十日，為落實法國總統馬克宏的競選承諾，由共和國前進黨（LRM）提出的中小學校園禁用手機法案於國會正式通過，並於九月實施，此旨在促使學生上課可以更專心、減少網路霸凌及色情傳遞等……（法國電報）

某日，教師H在七年級教室教導健康教育時，特別對學生提到此「法國禁止15歲以下的學生在校使用手機與平板電腦等行動上網裝置」新聞內容。

H師開門見山地說：「我們的友好國家法國已禁止學生在學校內使用手機了，這是因為學生使用手機不當所致，」她又接著說：「這是歐洲第一個國家這麼做，事實上，很多國家也都面臨了類似的問題……有沒有可能有一天我們也會跟進？」緊接著，她邀請學生對此議題談談自己的想法。

「禁用手機」的議題很快地便引起了學生的興趣和注意，尤其，在手機使用的規範上，個案學校並未給予學生任何限制。是以，當H師話一說完，學生便七嘴八舌地談論起來。

回到對本土現狀的反省

學生K率先舉手回應：「我不敢相信法國人這麼做……他們不應該麼做！這是不聰明的決定……」他看起來有些激動與驚訝，緊接著又說：「沒有這些工具要如何學習？這會製造很多問題……我很同情那些法國學生……」他看起來似乎又有點氣餒。

不久，學生L也提出看法：「我一直以為法國是民主開放國家，他們這樣做有些讓人失望……」學生的討論越來越熱烈，大致上的意見都傾向於「不贊成」學校禁用學生使用手機，所抱持理由多半是「手機是學習工具之一」、「手機是個人財產」、「手機是生活的一部分」等。

這時，教師H請大家聽聽她的意見，她向全班學生說：「事實上，在芬蘭校園中學生未能好好地使用手機的情形也是有的，或許我們學校就有一些例子……像是上課打電動，或社群網站聊天……我想，或許哪天我們政府也會去思考這一類問題，大家要有心理準備，……」她有些嚴肅地說。

下課後，我隨H師一起來到咖啡廳。我請教H師是否芬蘭校園也同樣面臨越來越嚴重的手機干擾課室教學問題？H師像是開了話匣子一樣，滔滔不絕地說：「當然，我們芬蘭學校也有很多這種問題，老師們常有抱怨，但目前都是以規勸為主，傾向不選擇禁用……『禁止』一向不符合芬蘭教育的精神，但這確實是校園裡一個越來越嚴重的問題……不過，未來的事，誰說得準？」她對於『禁用手機』一事，似乎也不置可否。

「班級代表」以自願為主

一個月過去，某天上課後不久，學校廣播突然響起：「今天有班級代表會議[2]，請各班代表現在到○○教室開會！」當時我正參與七年級歷史課，聽到廣播後，也趕緊向師生打過招呼、收拾背包與電腦，便隨班上的兩位代表L和A一起來到會議現場，而會議主席特教老師S已在教室等候大家了。

在個案學校，此會議每月召開一次，由特教老師擔任主席，負責引領學生討論校務或邀請參與校務決定或建議。在此會議，每班列有兩名班級代表，其採自願制，至於任期則由班級師生共識決定，一般來說，通常以學年為單位。

不過，即使如此，也常有各種「意外狀況」發生，以七年級某班為例，原本秋季學期擔任班級代表之一的Sh，因考量無意願續任後，便在春季課程開始時向導師提出了解除職位的請求，而導師在確認她確實心意已決後，於某次的導師時間上旋即公開

徵詢是否有其他自願者願意出任，最後，則由學生L自願擔任，也就是這次會議的參與者之一。

鼓勵表達挾帶「理由」的意見

當師生全數到齊後，做為主席的S師先向大家做出引言，她說：「今天我們要討論的議題有兩個……不過，在討論之前，我要先幫老師們傳遞一個訊息……老師們對於大家上課使用手機的狀況有些討論，不知道你們是否可以就這個問題先討論你們的看法……比方說，班上同學使用手機的情形，或是對『有條件使用手機』（conditional use of smart phone）的看法……」語畢，大家開始有些私語。

S老師見狀後，似乎想澄清什麼，於是又補充說道：「我是幫忙傳達老師們很關心這個議題……但我們不一定要討論，若你們認為它不應是一項議題的話……」

此時，一位四年級男生舉手說道：「我覺得學校對此有些限制是好的，這讓學習可

譯注：

2 芬蘭中小學校設置有一以學生為主要成員的會議稱為「學生代表會議」，這是一讓學生可表達聲音、對學校提出提案、發揮與他人協商、合作與溝通能力的平台。

以更專心……」他的話尚未說完，一位九年級學生有些激動地回應：「若僅是少數人使用不當，那他應為自己行為負責……」這位九年級生似乎還要說話時，七年級生L也接著發表看法，她說：「我們上課時常會需要使用這些載具，若學校加以限制將會造成一些麻煩……」頓時，教室突然安靜下來。

S老師見大家談話稍有停留，於是先打破沉默，她轉向低年級學生，鼓勵他們也可以再發表一些意見。這些低年級生在受到教師鼓勵後，便陸續舉手發言。不過，他們的發言大多有相似觀點——認為有些同學使用手機的情況不甚理想，而老師應該幫忙管理這些問題。

然而，顯然地，這些言談又讓高年級學生感到困惑。剛才發言的那位九年級生又舉手提到：「若私人物品被侵犯會否涉及到法律層面問題……」這時候，另一位四年級生則回覆他：「我們可以將手機擺放在可見的地方，上課時不使用它，但需要時向老師報告一聲就好了……」此時，九年級生又補充說道：「我們應有保留自己財物在自己身邊的權利……」

超越解決問題的選項？

S師眼見當下溝通有些僵持不下，便緩緩地說道：「這一次你們的意見很明顯不同，還是以投票來決定？」

九年級生：「我不認為這種問題可以投票來決定……」

這時，L也義正詞嚴地說：「重點不是能否使用手機，而是如何正確使用！」

瞬間，大家又安靜了下來。

不久，幾位七－九年級生建議了其他選項──他們建議S師將討論過程的內容盡可能地記下，並帶回轉知其他師長知悉討論，以替代現場直接投票。S師聽聞後點頭表示同意，於是，此議題的討論便暫且擱下……

會後，當學生一一離開後，我走向S師並請教她此問題可能如何解決時，S師有些困頓地說：「這真是個相當棘手的問題……」她進一步指出，「對於高年級學生來說，他們的學習確實需要一些工具，禁止使用恐怕不是最好的辦法……或許『有條件管理』可以試試看……但又擔心傷害師生關係……」

至於學生L和A回到班上後，先向身邊的幾位同學說明了會議內容，然後也提到某些班級代表對使用手機問題的看法等，他們正思考是否也要與導師提出更多的觀點……

觀察外一章：孩子們該有自己的會議

當會議結束後，我走向看似有些苦惱的S師，協助她整理好教室後一起離開。「這些孩子的表現真的非常優秀，他們能夠說明自己贊成或反對的理由，也尊重彼此有不同看法，這真的不容易……」」我對S師說。

S聽聞後笑說：「是啊，這些孩子的表現越來越好了……」她一邊整理文件，然後突然轉頭問我：「你們國家的師生們會有這個（上課使用手機）困擾嗎？你們如何處理？」。

正是，此問題確實也困擾當前臺灣的教育現場。我思索了一下自己服務學校的規定後便告訴她——基於家長可能需要聯繫子女，學生是被允許可以帶手機到校的，但上課時間須保持關機……S聽到「關機」一詞旋即點頭如搗蒜，苦笑地說：「是啊，這讓上課變得容易多了……」

不得不說，每次參與班級代表會議之後自己都有很多反省。

尤其，這是孩子們的會議，提案、通過與否都由他們自己決定；至於高低年級之間的攻防、協商過程，也常是吸引我關注的焦點，通常裡面也有很多潛在課程議題可以進一步探討。例如，我便觀察到：高低年級學生之間的互動，有一部分似也來自於他們自己與教師之間互動經驗的複製。

此外，我也承認，自己即使已成為人師，但對於如何引導學生討論這一類棘手議題恐怕能力仍相當不足；再者，我以為學生若自小這麼討論議題、學習思辨、懂得如何堅持正確或互動協商，隨年齡增長應更能朝向辨認是非、更懂得價值澄清。

17

非正式課程篇
全校郊遊日

在某路口遇「此路不通」標示時，學生Y建議繞一大段路以規避走原路可能遇到的風險，但事實上，這條替代路徑亦不易於行，然在無其他對策下，大家便採用了Y的建議，並在沿途中不斷地相互提醒要注意安全……這讓「步行」不僅是只有走路而已，當遇到突發狀況時，還得有臨危不亂、合作解決問題的能力……

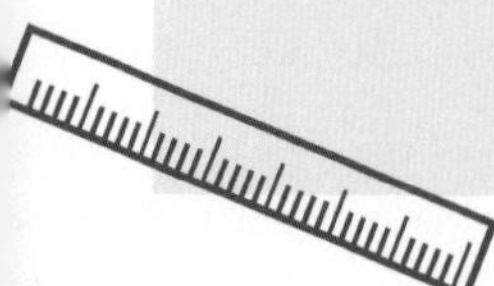

「家長可否參與？」

在個案學校，每當學期結束前，學校會舉辦一天的「全校郊遊日」，每個班級可自行決定出遊地點，無須全校統一，行程則以當天來回為主。校長指出，籌劃「全校郊遊日」主要目的在於過去一兩周師生準備期末考試相當辛苦，故鼓勵外出旅行或踏青以釋壓放鬆，也為即將開啟的假期做準備。

「那麼，家長可否參與？」據此，七年級導師U指出：

有興趣當然可以來……但這只是平常課程之一，沒有什麼特別……我們的家長都知道這一點……這行之有年了……（訪U師，201806）

對此，較低年級如一、二年級班級導師也指出，根據過去經驗，少有家長會參與「全校郊遊日」，一年級班級導師T提到：

出遊也是學習獨立，我們會鼓勵家長讓孩子自行參與……當然，家長若要來也很

歡迎（訪T師，201806）

至於對年齡更小學生的安全照護問題，T師除了具信心地指出平日教學都有盡可能地教導和指引外，助理教師和學科教師也會隨行，更有不少班級也選擇一起同行出遊、彼此照應，家長是可以相當放心的。

「我們要去哪裡玩？」

出發前幾天，在導師時間，師生正一起討論將到何處旅行、做何活動，以及評估各地點條件的優缺。

女學生的興致顯然較男同學高昂，不僅提出旅行地點，也提到所抱持的理由。例如，女學生F很快地便舉手建議：「何不去海邊？那就在離學校十分鐘處，而我們可以盡情享受玩水的樂趣！」其他同學聽聞後，有些表示贊成，有些同學似乎也有話要說。

「去森林野餐呢？我們可以找一個鄰近森林野餐，大家玩遊戲……」E向大家提議。

「我提議去林納馬其樂園（Linnanmäki）[3]，四年級之後就沒去過了……」N緊接著說：「我們也可以在那裏野餐，應該會很有趣……」

「我附議！那裏有很多刺激的遊樂設施……」B說完後，拉扯起隔壁好友D衣袖相互說：「我們可以一路玩到關門！」還一起尖叫起來！

事實上，大家給予的意見不少，所提議地方大多都是他們過去以來曾旅行的經驗。導師在學生發表意見的同時也參與討論，不過，在地點的決定上，他多由學生主動建議，他主要的任務便是與學生一起分析各地點的優缺，也教學生評估的方法。

導師：	隔壁班要去海邊，走路就到了……放鬆是重點，不要太遠……
學生G：	去Linnanmäki，走路就可以抵達。
導師：	誰知道那門票要多少錢？
學生X：	不必買門票，是要玩遊樂器材才要買票……
學生G：	不想玩就不必買票，可以在那裏野餐。
導師：	當天下午三點之前集合並一起回到學校可以嗎？
學生G：	如果父母同意可以繼續留下來玩嗎？
導師：	當然！ （課室觀察，201805）

最後，在對於地點決定的共識要件上，取決於「走路便可抵達、當天放學時間前能夠準時回校、能促進班級師生情感、越少花費越好」四大規準上。由於此四項規準的明確指引，使得師生對於地點的最後選定變得容易許多，最終決定到離校約3.5公里的林納馬其樂郊遊。

學科教師也參與班級內活動

根據觀察與訪談，全校郊遊日這天，個案學校超過一半以上班級都選擇至走路約十分鐘便可抵達的海邊玩水、曬太陽，少部分到公園野餐，我們則是唯一挑戰步行到離校約3.5公里的林納馬其樂園遊玩。

這天出遊，除了導師做為各班的當然領隊之外，還有一至兩位學科教師隨班參與，他們多是班級內的學科教師。與我們一同前往樂園遊玩的數學老師麥克告訴我，凡未擔任導師的學科教師也會參與「全校郊遊日」活動，一般來說，學科教師可任選一自己任教班級直接參與，主要目的之一也在於協助導師照顧學生安全、培養師生感情。不過，麥克也提到，為避免同一班級內同行的任課教師過多而相對失衡於對其他班級的支援，故學科教師之間通常都會相互週知自己參與班級的動態，以期更能平均分擔每位導師的責任。

一早，整個校園洋溢熱鬧的出遊氣氛，可能師生經歷了先前一周較緊密的期末考試，或對接下來不到幾天便是暑假的滿心期待，是以，今日旅行也讓大家格外珍惜、異常興奮！

出發前，導師先與每位學生確認放學時間，原來，有些學生在與家長商量之後，決定在午後三點不隨班回校，而是會繼續留在樂園遊玩至夜間才回家，對此，學生多當場直接以手機打電話讓家長與導師知會、溝通。

待告一段落後，導師請大家先到廚房領取餐廚為全校師生打包好的午餐（水果、牛奶、麵包）[4]，然後約在校門口集合，準備步行約前往林納馬其樂園。

譯注：

3　林納馬其樂園位於赫爾辛基的 Alppila 區，是芬蘭歷史最悠久的遊樂園。它由兒童節基金會（Children's Day Foundation）所有，並從 1950 年向公眾開放至今。在芬蘭赫市，林納馬其樂園是一般家庭相當喜愛的遊樂。

4　芬蘭學生在校午餐費用由國家全額補助。

3.5公里路程全程不間斷——走路的過程就是一種學習？

今日陽光照耀，氣候約十度，對芬蘭師生來說，顯然是相當舒適的氣候。

步出校門後，大家有默契地兩兩一排、自動整理成一長串隊伍，就像平日外出到體育館或球場去上體育課、到博物館參訪、到公園曬太陽一樣，並無不同，不過，今日帶了一些餐食、野餐墊，準備出遊的心情顯然更為放鬆。

一路上，導師走在隊伍最前方，我和數學老師殿於隊伍之後，從出發至抵達目的，師生就是一直不停地向前走，未曾停留。一路上，大家聊天說地，談電動、暑假計畫、最新漫畫進度，其聊話內容就如同臺灣學生互動一般，並無太大不同。

然而，與臺灣師生出遊較不同處則在於：在這裡，由於學生全程步行，除有機會欣賞到自己腳下所踩每一步前行之後的沿途風景、湖泊山林，還需要更注意則是行的安全。尤其雪季將近，路上防範未然的施工連綿不斷，對某些必經卻正在施工中的地段須更保持提高警覺，當機立斷。例如：在某路口遇「此路不通」標示時，學生Y建議繞一大段路以規避走原路可能遇到的風險，但事實上，這條替代路徑亦不易於行，然在無其他對策下，大家便採用了Y的建議，並在沿途中不斷地相互提醒要注意安全

圖4　師生於Linnanmäki野餐

資料來源：作者

……這讓「步行」不僅是只有走路而已，當遇到突發狀況時，還得有臨危不亂、合作解決問題的能力。

整體來說，出遊本身就是一種學習歷程，它考驗著大家自我照顧與團隊合作的能力，「如何安全地行走」作為真實世界的考題，直接測試日常生活基本能力，這時，無須再有任何額外添入的「學習單」作為學習成果驗收的依據。這趟旅行下來，師生真實地走上的不僅是3.5公里的路程，更多的是促進健康的體魄、自我照顧的能力，以及與人合作的機會。

觀察外一章：信任，是互相的

「那麼，家長可否參與？」

芬蘭老師說得沒有錯，的確，在這一年課室觀察裡，確實沒有看過家長到校參與課堂，反倒看到不少外賓的來訪。

在個案學校，根據觀察與訪談，凡攸關班級事物，通常都由師生討論後共同決定，家長鮮少參與其中。校長和教師幾乎都這麼說——家長信任學校與教師專業，同時也尊重孩子的表意，親師生之間建立並維持在一種相互尊重與信任關係上，這讓校務較能暢通運作。換言之，「家長信任學校和老師，學生自然也會信任學校和老師」（訪校長，201806），這顯然有助於學生的學習動機與學習表現，學生絕對是最大受益者。

然而，根據這將近半年的參與課堂，或許我也還能幫忙補充的是——「教師也很信任學生」，我以為在此前提之下，師生才有較大機會一起為課程與教學作出一些決定，兌現師生各有或共同承擔的責任與義務，也讓教學目標較有可能達致。

如同全校出遊日，從頭到尾的規劃都不是學校或導師單獨一方設定，那些如「我們要去哪裡玩？」是師生一起決定的、評估地點的規準是具有共識的、步行3.5公里路程是相信彼此可以做得到的……不僅有來自家庭對學校的完全信任，也包括學校對師生的信任，以及教師對學生的信任。是以，信任，是相互的。

此外，當我與芬蘭師生一起步行近一小時、中途沒有任何停頓或休息、陽光始終直射我的雙眼……這都讓我舉步維艱、感受壓力時，與我同行的數學老師也是充滿信地說：「你可以的！走就對了！」

18

其他
教師共同備課

會議開始後的前半段，主席（校長）先鼓勵並邀請教師從「反省」開始。多數老師均踴躍發言，他們大多提出現象周師生表現的一些缺失，例如：學生的自主學習能力不足、教師應更具結構性引導、學習時間太短……等，教師反省的內容主要在於教學歷程、學生學習成果，以及實施策略上的檢討，也有少數提到對課程改革一改再改的氣餒與失望等……

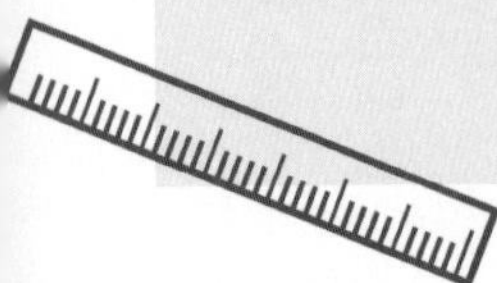

強調校本、以解決實務問題為導向

在個案學校，每周三午後的兩點至四點，是全校教師共同備課時間。此會議由校長擔任主席，每次均有設定主題討論或任務派給，例如：進行（跨）領域課程設計、規劃即將到來的○○節日活動、邀請專業人士蒞臨演講、選擇教學資源等。當學期接近尾聲時，共同備課時間也「應景」地搖身一變改為午後派對，教師們會帶些水果或糕點享受以慶祝學期終了，除了自勉過去一學期以來的教學辛勞，也預祝即將開展的暑（寒）假愉快！

那麼，老師們如何進行備課？事實上，在個案學校，教師共同備課有諸多形式，但主要都指向同一方向——強調校本進修、解決學校師生教學的真實問題。換言之，共同備課以校內人員參與為主，所備課內容則多以解決校本實務問題為導向。

對談焦點在於關心「我們自己」

誠如諸多文獻所指，相較於他國，芬蘭教師擁有較高專業自主權，事實上，這也包含教師有對自我專業成長形式和成長內涵規劃之專業自主。以個案學校為例，教師專業成長類型至少二，一是透過團體動力（group dynamics）即教師共同備課，另一則是透過個人自訂增能計劃。因限於篇幅，本文先聚焦於探討前者。

以「學科分組」教師共同備課為例。

這天，在總是飄散咖啡與cinnamon糕點香氣的咖啡廳裡，教師各依學科／領域別坐定。當討論學科課程設計時，教師們對談最常出現的關鍵詞或字通常是「我們學校……」和「我們學生……」一類，所探問內容則如「我們學校想參加這個〇〇計畫嗎？」、「我們學生有能力在這學期讀完這兩本英文小說嗎？」、「關於這個單元，我們學生要如何自評？」這類關懷。

事實上，不僅學科內、學科間的共同備課如此，在每一次共同備課會議，教師所談焦點大多直接錨定於「我們學校」、「我們學生」、「我們老師」等層面上的討論與反省，所說所做之事大多是學校師生之事，尤其致力於如何讓教學質量持續提升的慎思上，鮮少要去處理「這些」以外的事。

換句話說，全體教師所抱持的像是一種「自己的學校自己來專業經營」的使命，至於共同備課僅是作為達到目標的手段，它匯集了教師共聚一堂、群策群力之目的是為促使整體校務運作正常、日常教學穩健，由於目的單純，教師也能安心扎根、務實耕耘。

備課內涵：理論、實務、同理心

再以「不分組」教師共同備課為例。

這天，全校教師參與的共同備課內容為參與一場專題演講，題目為「以校為本的現象為本學習」（School-based Phenomenon-based Learning）。

此講題之決定，主要是校長和教師共同討論，緣起於校內教師對新課綱下市府強調學校應實施的「現象為本學習」概念和其做法有些模糊，尤其此會議前一個月，全校師生才剛結束現象為本學習周（Phenomenon-based learning WEEK）[1]，對此新嘗試，多數教師以為實施成效不彰，故提議共同反省，或邀請專家蒞臨說明。

會議開始後的前半段，主席（校長）先鼓勵並邀請教師從「反省」開始。多數老師均踴躍發言，他們大多提出現象周師生表現的一些缺失，例如：學生的自主學習能力不足、教師應更具結構性引導、學習時間太短……等，教師反省的內容主要在於教

譯注：

1　有關個案學校實施「現象為本為習」，請詳見本書第二篇第一章。

學歷程、學生學習成果，以及實施策略上的檢討，也有少數提到對課程改革一改再改的氣餒與失望等。

約一個小時過去，一位看來年過六十、髮絲斑白，精神卻極好的講師緊接上台。他一上台後，先是對在場教師表達了同理心，但也不忘相互鼓勵：

> 我理解我們大家目前的困境，這就是為何我現在站在這裡的原因，我想和大家一起解決問題……（教師共同備課會議，201803）

緊接著，這位講師便直接切入主題，他試圖澄清"inquiry-based"和"phenomenon-based"兩者異同（理論），再以個案學校師生教學的幾個真實案例輔助說明（實務），談理論的同時也切換至實務做出對應，談實務時也連結回至理論做出比對，這「又學術又實務」的談話不僅凸顯他具有相當厚實的學術底蘊與實務背景，更讓現場教師感受對等、富有親切，看似很能觸動每一位教育工作者的共鳴（包括我自己）。

校內教師亦是最佳的講師人選之一

那麼，講師人選從哪裡聘請？

校長指出，依教師需求或主題性質，講師可聘自市政府、大學，至於校內教師也是很好的人選。

她進一步指出，教師，是專業的教學者，也是研究者，當學校或課室遭逢問題時，他們是第一時間最適合先站出來協助辨識、澄清問題者，也就是說，在問題發生初始階段，他們能就問題性質與內涵進行判定與評估，教師誠然作為問題解決之關鍵人物。

不過，校長也提醒，由於問題性質向來複雜交錯，故通力合作解決亦是手段之一，這也是學校設置共同備課時間主要原因之一。

觀察外一章：原來，你是……

在專題演講「以校為本的現象為本學習」（School-based Phenomenon-based Learning）後，我好奇地走向講師，除了向他請教現象為本學習相關概念外，也請教他為此次共備所設定的增能目標為何。

他聽了之後，有些嚴肅地回應：「我們需要對現象為本學習有共同的認識與理解，才能確保大家行動的方向一致，不會偏離教學常軌……」接著，他若有所思些什麼後，又進一步地補充說道：「你可能不知道，這場講演是我主動向校長提出要分享的，我是自願擔任講師。」突然間，我有些不明究裡，同一時間，他似乎也知道我的困頓，轉而微笑地說：「事實上，我是這個學校的老師，我因蒐集了一些資料、讀了一些文獻，所以自告奮勇跟校長提到願意擔任這一場的講師。」

原來，他也是個案學校教師之一……

這讓我回想起校長確實甚有自信地說過——教師是實務者，也能做研究。

無疑地，這位老師的勇氣讓人印象深刻，也讓我對校內教師抱持的這種「自己的學校自己來專業經營」的使命、進而直接採取行動感到欽佩。是以，有沒有可能我們一直尋求協助的資源或關鍵人物，其中有一位就是不斷維持裝備更新的自己？

整體來說，芬蘭中小學每周兩小時的教師共同備課時間，其運作形式和內容與臺灣教學現場也是很相近的，然較為不同是，芬蘭教師共同備課強調「校本進修」方式，即教師的專業對話幾乎都深耕於校內，所談幾乎是校本師生課程與教學的籌劃與改善，所慎思對象也以校內師生為主，他們幾乎不在平日教學時間之外加班，「我們盡力做好該做的事，放學後就是家庭時間……」（訪特教老師，20180517）。

19

其他

家長夜（Parents' Evening）

餐廳用餐和與導師見面各一小時，其中與全校教師見面、與校長見面、回答關於整體課程問題三項則同步在學校禮堂中舉行，時間亦是一小時，此三項主要運作方式是校長和全校教師一起在會場中等待家長蒞臨，每一位教師都有自己的桌次和站立位置，桌上擺有每一位教師姓名、所教授學科，以及所擔任職務名稱之牌卡，這讓家長可以一目了然地清楚知道每一位學校教師的基本資訊、能直接檢索孩子學科老師的位置，也能直接靠近請教或諮詢感興趣的課程問題……

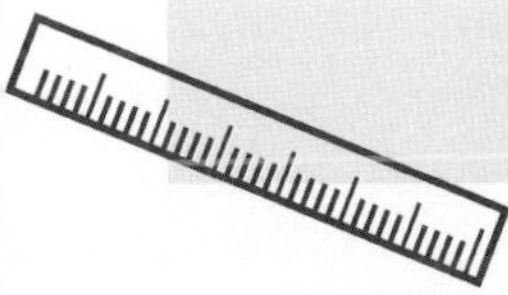

五個親師互動項目

每一學期，學校都會舉辦家長日／夜。它有可能在白天舉辦，也有可能在夜間舉行，端視當學期親師生的溝通互動結果而定，易言之，它是經過協商後決定且富有彈性。家長日／夜這天，所有家長都被邀請到學校來認識孩子的老師、孩子學習情形，以及了解學校對孩子所規劃的整體課程等。

根據秋季行程，親師見面的日子訂在某天晚上，時間為午後四點至晚上七點，一共三小時。依據規劃，此三小時中，共有五個親師互動項目，包括：

- 餐廳用餐（限預定）
- 與全校教師見面
- 與校長見面
- 回答關於整體課程問題
- 與導師見面

五項中，餐廳用餐和與導師見面各一小時，其中與全校教師見面、與校長見面、回答關於整體課程問題三項同步在學校禮堂中舉行，時間亦是一小時，此三項主要運作方式是校長和全校教師一起在會場中等待家長蒞臨，每一位教師都有自己的桌次和站立位置（如圖1），桌上擺有每一位教師姓名、所教授學科，以及所擔任職務名稱之牌卡，這讓家長可以一目了然地清楚知道每一位學校教師的基本資訊、能直接檢索孩子學科老師的位置，也能直接靠近請教或諮詢感興趣的課程問題等。

至於家長參與情形如何？根據文件分析，年級越低學生的家長出席較高，至於個案班級學生的家長出席率則約一半，少數未參加餐廳用餐，但均有參加其他四項親師

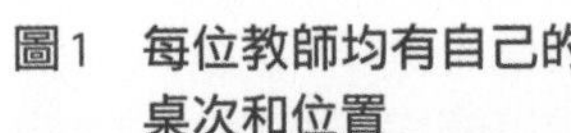

圖1　每位教師均有自己的桌次和位置

資料來源：作者

圖2　當天六年級生義賣曲奇餅

資料來源：作者

互動。

融入「愛心曲奇餅」義賣活動

根據往例，家長日／夜這天都會有一些附屬活動加入、共襄盛舉。最典型例子便是該學年五年級或六年級生會向來賓販售愛心商品，這一類的收入主要是為即將到來的畢業旅行籌措經費，此愛心義賣行之有年，在校園中已是常態現象。

這天，六年級生在圖書室前的撞球檯上擺滿了「愛心曲奇餅」（如圖2），他們打算為畢業旅行賺得一些經費，更期待當天蒞臨校園的家長們能一同參與。

學生U：	這裡有曲奇餅……有巧克力和草莓口味……
家長：	有香草口味嗎？
學生U：	小熊餅乾有……還是你買小熊餅乾？
家長	那曲奇餅多少錢？
學生U：	一盒七歐元……還有其他口味……
	（走廊觀察，201808）

事實上，此班學生販售「愛心曲奇餅」已有幾周時間。在校內，經教師同意後，他們中午時間會於一樓大廳販售（時間僅15分鐘）；在校外，他們放學後會在靠近地鐵站外擺攤，每次三到四位學生輪流站崗。他們主打的商品「曲奇餅」是師生討論後從網路上訂購而來，此外，他們也不定時販售在家庭經濟課上親手烘焙的餅乾或糕點，所獲收入都投入畢業旅行基金備用。

圖4　家長正向學科教師諮詢

資料來源：作者

餐廳用餐：了解學校餐廳環境和伙食

在芬蘭中小學，午餐由政府全額補助，學校每周亦會公布菜單內容於公告欄，親師生若對菜單內容感到興趣，亦能索取電子文件，相關資訊多能輕易獲得。

家長夜這天，親師的首項交流活動便是一同用餐，不過，由於座位、食材，以及人力有限，此項目採預訂制且限制人數。規劃此項目主要目的除了歡迎家長蒞臨家長夜為開場外，也讓家長有機會了解學校餐廳用餐環境、伙食內容，以中央餐廚設備等。

校長指出，在此一小時會面中，透過用餐，親師可先為後續互動項目作出暖身。她進一步指出，近幾年來，學校不斷改進家長日／夜的會面品質，以期能朝向一種較自然而然、放鬆愉悅的見面談話氣氛，是以，這幾年不斷地注入新元素，同時聆聽家長的建議。

全校親師相見歡——「你的教學計劃是什麼？」「孩子體能不好怎麼辦？」

重頭戲正式開始，當家長來到體堂時，所有教師已在會場等待，他們一一站在桌後等候家長接近諮詢，少數教師則有準備平板電腦以備不時之需。

> 這一項目就是認識和交流……就是面對面說話……所有老師就是站出來與家長面對面……說話是重點，文件網路上都有了……（訪特教老師G，201808）

由於禮堂內大多沒有印製文件，家長和教師的談話就是親身接觸，由於會場以「學科」將教師作初步分類，家長也就多針對學科教學計畫、孩子優／弱勢學科向教師提問，對此，教師們顯然也都有備而來，多能侃侃而談。

根據觀察，由於參與家長眾，每一學科教師都受到家長「包圍」，有些家長甚至也跨年級去參與其他班級學科教師或導師的談話，一位家長便指出，這樣開放的空間讓她可以更掌握不同教師的觀點，或更能敏覺同一學科教師可能共同信守的價值，例如，當她向體育老師請教「孩子體能不好怎麼辦」時，兩位體育老師卻一致地指出「讓孩子保持天氣冷也要出去玩的習慣」建議，這讓她感覺受用且印象深刻。

與導師談話──「女生領導力較好嗎？」「孩子說午餐不好吃？」……

在轉場休息時間，所有導師都快步地回到自己的班上為下一項目做準備。我隨個案班級導師Ｓ一起回到班級，也盡可能地協助什麼。

不久，家長陸續進到教室並一一坐定，Ｓ師打開電腦投影早已備妥的簡報。Ｓ師在自我簡介後，突然也向大家介紹起了我，他提及，我到校參與觀察已有半年以上之久，天天跟著學生上下課，或許會比他更了解班上的孩子學習情形……他建議家長在會議結束後與我一起聊話，看看我的研究發現了什麼……他一說完，大家都笑了。

導師S：	我先跟大家介紹學校基本資料，剩餘的時間你們可以提問，我儘可能地回答……
	（家長點頭）
導師S：	我們會準時結束，也希望我們的談話可以放在教學上……
	（家長點頭）
	（課室觀察，201808）

導師S所播放的簡報是個案學校教師共同設計的公定版本，每一間教室都會由導師統一播放、向家長說明，主要內容包括：學校歷史簡介、當前師生人數、學校整個課程計畫、學習科目重點，以衛生保健項目等。當S師報告時，家長並無表達意見，報告結束後，S師便問家長是否有其他關心的問題。

家長A：	這個班級女生比較多……女生領導力較好嗎？會否也有比較多的意見？
導師S：	這班級確實女生是多數……但我無法說他們有比較多的意見……每個人都可以表現自己、表達他自己的意見……
	（一些家長點頭）
家長A：	我擔心男生沒有表現機會……
導師S：	對，所以我們鼓勵每個人去表現自己，這是重點，且不受批評……
	（課室觀察，201808）

家長V：	孩子說午餐的菜色不夠好？我想知道是不是有什麼問題？
導師S：	例如什麼問題？
家長V：	也許是菜色選擇少，變化少……
家長D：	小孩說午餐不好吃……似乎是熱食不夠……
導師S：	好，我這幾天可以去了解一下…… （課室觀察，201808）

以個案班級為例，這天出席的家長大多都是父親或母親單一方，他們大部分都沒有提問，他們提及，這是因為他們過去曾參與個案學校舉辦的家長日／夜，對學校已有相當認識，至於這一次出席，主要目的在想要理解新課綱內容和其實施。

當會面時間一結束，就如同師生下課一般，親師互道感謝後便各自離去。

觀察外一章：免費午餐有問題？

當家長一一走出教室後，一位家長以中文喊住了我。

「你是哪裡來的？」一位外貌看似六十多歲的學生父親微笑地對我說。

「你好，我來自臺灣，您是……」對於同樣的語言在耳邊響起，我感到相當驚喜。

「喔，臺灣啊……我是中國來的……你來這裡做什麼研究嗎？」他與我一起走到長廊一側站定後，我尚未回答，他又接著說：「我女兒說過你，說你會教他們數學，臺灣數學很好啊……」他繼續保持微笑。

「我來做我的博士論文研究……然後，我也是中學數學老師……」我一邊回答一邊用力回想著他口中的「女兒」是否就是指學生Q時，他又緊接著說：「你知道我女兒是誰吧？就是Q……不過，你應該不知道她的中文名字，她的名字是○○○……我們在家還是說中文的……」

我聽聞後有些驚訝，我回想起與Q的對話都以英文交談，從不知她能說一口流利中文。

我想Q在校的整體表現相當穩定，與同學交往亦相當很友善，於是我接著回應他的父親說：「原來○是您的女兒，我記得她的芬蘭語說得很好，而且很喜歡視覺藝術課……」Q的父親點點頭，依然微笑著。

Q的父親指出，由於工作關係，他們舉家很早就來到芬蘭，他告訴我，透過女兒的學習，他以為芬蘭教育確實值得東方教育家深入探索，就他與女兒的親身經驗，他是相當認同與推薦芬蘭教育系統。此外，他還提及，不少中國家庭都在芬蘭工作或學習，假日時常齊聚打球或聚會，彼此感情相當緊密。

不久，他的話題轉換，便向我問到：「你有去過他們的餐廳嗎？他們的伙食如何？」

「餐廳？有的……有一些芬蘭當季當地的食材……都由學生自行取用，且沒有用量的限制……」我回想最近一次到餐廳觀察的景象回覆他。

「最近幾年啊……芬蘭的經濟也受到影響……我們剛剛就在談論，是否因為經濟因素縮減了孩子午餐的品質……」他看起來有些擔心地說。

「我有發現孩子們都吃得不多，……」我回應說。

「學校規定學生不能攜帶午餐……但是，我們做父母的都會擔心啊……如果是經濟問題，那我們很願意出錢讓整體伙食的品質好一點……」他仍憂心地說。

聽Q的父親這麼談話時，我相當能夠理解做為孩子的監護者其對孩子於食衣住行各方面的關注關愛之情，想必剛才在見面會上率先提出「午餐問題」的芬蘭家庭也是一樣的，天下父母心，不都是如此？

第三篇

芬蘭課室與一〇八課綱的遭逢

芬蘭設計課室與一〇八課綱的遭逢

芬蘭數學課室與一〇八課綱的遭逢

芬蘭科學課室與一〇八課綱的遭逢

芬蘭藝術課室與一〇八課綱的遭逢

芬蘭語文課室與一〇八課綱的遭逢

芬蘭體育課室與一〇八課綱的遭逢

芬蘭社會課室與一〇八課綱的遭逢

芬蘭設計課室與一〇八課綱的遭逢

關於芬蘭的設計課堂如「家庭經濟」、「手工藝」兩科，在本土的一〇八課綱中並無直接對應的單一領域可以涵括，本土的「家政」見於綜合活動領域中，而與芬蘭手工藝學科較相近的學科如「資訊科技」和「生活科技」則見於科技領域中。

根據我國《十二年國民基本教育課程綱要國民中小學暨普通型高級中等學校-綜合活動領域》，此領域課程總目標在培養學生具備「價值探索、經驗統整與實踐創新的能力」，所揭示的課程目標有三，分別為（教育部，2014：頁1）：

一、促進自我與生涯發展 發展自我潛能與自我價值，探索自我觀、人性觀與生命意義，增進自主學習與強化自我管理，規劃個人生涯與促進適性發展，進而尊重並珍惜生命，追求幸福人生。

二、實踐生活經營與創新 發展友善的互動知能與態度，建立良好的人際關係，與健康的情感表達和互動，培養團體合作與服務領導的素養，開發及管理各項資源，發揮未來想像，經營與創新生活，並能省思生活美學議題，提升生活品質，展現生活的美感。

三、落實社會與環境關懷：辨識社會與環境中的各種挑戰與危機，發展思辨能力與適切的處理策略，尊重多元文化，積極關懷人群與生態，養成公民意識及社會責任感，並能參與戶外活動，與大自然和諧相處，以促進環境永續發展。

另外，根據《十二年國民基本教育課程綱要國民中小學暨普通型高級中等學校-科技領域》，其課程旨在「培養學生的科技素養，透過運用科技工具、材料、資源，進而培養學生動手實作，以及設計與創造科技工具及資訊系統的知能，同時也涵育探索、創造性思考、邏輯與運算思維、批判性思考、問題解決等高層次思考的能力」。其所揭示的課程目標有六，分別為（教育部，2014：頁 1）：

一、習得科技的基本知識與技能並培養正確的觀念、態度及工作習慣。

二、善用科技知能以進行創造、設計、批判、邏輯、運算等思考。

三、整合理論與實務以解決問題和滿足需求。

四、理解科技產業及其未來發展趨勢。

五、啟發科技研究與發展的興趣，不受性別限制，從事相關生涯試探與準備。

六、了解科技與個人、社會、環境及文化之相互影響，並能反省與實踐相關的倫理議題。

根據一〇八課綱，綜合和科技領域時間分配和科目組合在不同學習階段具有差異。以國中階段來說，綜合領域科目包括：家政、童軍、輔導，每週3節課，以實施領域教學為原則；科技領域科目包括：資訊科技、生活科技，建議上下學期對開，每週連排2節課。一〇八課綱無「紡織」學科，但在某些學科中仍有相關學習內容。

例如，一〇八課綱綜合領域的家政科在「衣著」這一學習類別下，所揭示的學習內容如「常見織品的認識與手縫技巧應用」，對此，學生要能夠：（1）了解生活上常見的織品，以及創新的機能性織品；（2）了解織品在美化生活中所扮演的角色；以及（3）生活中運用基本手縫技巧及相關資源（教育部，2014：頁8）。關於上述內容也同樣見於芬蘭課綱，但顯然地，除了透過「手工藝來達到對知能理解」，或透過「製作工藝的技能來探索不同技術操作原理」外，芬蘭手工藝教學特色更強調透過「手工藝培訓的教學系統使學生達到全人教育，並有機會在設計、創新、科技素養，以及性別平等方面做出自己的決定」（Autio, Thorsteinssonb, Olafsson, 2012），芬蘭手工藝課的意義在於「堅持不懈的創新工作歷程和正向經驗，終為提升自尊和為生活增添歡樂」。

整體來說，由於芬蘭自十九世紀中以來便強調手工藝教學價值和其作為手工藝學科基礎的重要性，即使過去幾次課程改革中，「科技進步」屢次造成「手工藝地位動搖」，然而，手工藝文化至今仍在學校教育中被努力維護了下來。在本土一〇八課綱，「科技領域」絕對是最受矚目領域之一，資訊科技和生活科技不僅均列為國、高中必修（其中生活科技更可說是過去工藝科之轉型），當今的手作課更強調了要能與科技結合，如透過電腦繪圖和雷射切割、3D列印等數位工具完成作品等。不過，當科技如此發達又驟變時，所有教師所面臨的挑戰或許都是一樣的——如何在新舊物件中做出取捨？或者說，有什麼價值是應該要力守並把握住的？這恐怕也是兩地教師目前所面臨的共同難題。

芬蘭數學課室與一〇八課綱的遭逢

根據我國《十二年國民基本教育課程綱要國民中小學暨普通型高級中等學校——數學領域》，「如何在不同年齡、不同能力、不同興趣或領域，皆能獲得足以結合理論與應用的數學素養」是國民數學教育的重要目。數學課程目標有六，分別為（教育部，2014：頁3）：

一、提供學生適性學習的機會，培育學生探索數學的信心與正向態度。
二、培養好奇心及觀察規律、演算、抽象、推論、溝通和數學表述等各項能力。
三、培養使用工具，運用於數學程序及解決問題的正確態度。
四、培養運用數學思考問題、分析問題和解決問題的能力。
五、培養日常生活應用與學習其他領域／科目所需的數學知能。
六、培養學生欣賞數學以簡馭繁的精神與結構嚴謹完美的特質。

然而，自一〇八數學領綱發布以來，課程目標第三項「培養使用工具，運用於數學程序及解決問題的正確態度」一直是熱門話題，其討論的焦點幾乎環繞於「學生學習數學時是否可以使用計算機」或「計算機是否作為數學學習工具」等，凡贊成者以為計算機可縮短繁瑣的計算時間，讓學生可將心力放在解決問題面向上，而憂心者以為學生將可能失去基本運算能力，基礎技能的培養將大受影響。

依據領綱，自二〇一八年九月開始，國一和高一正式將計算機列入數學科學習輔具。以國中端為例，運用計算機作為學習輔具的單元包括：「比與比值」、「平方根」、「統計圖表」，以及「一元二次方程式」單元（如表1）：

從表1可知，在「比與比值」與「一元二次方程式」單元中，計算機僅作為估算近似值的功能；在「平方根」單元中，計算機對於十分逼近法具有驗算效果；在「統計圖表」單元中，善用計算機則能有效地促進對數據資料的判讀分析，甚至對資料本身進行批判思考等。易言之，重點恐非「學生學習數學時是否可以使用計算機」或「計算機是否作為數學學習工具」，而是學生應知道如何將問題轉化為數學語言或符號、如何列式與計算，以及如何有意識地到使用計算機的時機和侷限，否則終難發揮工具輔助學習之效。

那麼，芬蘭課綱數學科是否提及運用計算機來輔助學習？根據芬蘭課綱（FNBE, 2016: 254）：

> 教學應基於學生熟悉且感興趣的主題和問題，本質上，學生學習數學應在具體取徑與工具環境中持續，而這些工具也要能易於使用……遊戲學習（Learning games

表1　一〇八課綱國中階段提及運用「計算機」作為學習輔具的學習內容條目及說明

編碼	學習內容條目及說明	備註	對應學習表現
七年級	比與比例式：比；比例式；正比；反比；相關之基本運算與應用問題，教學情境應以有意義之比值為例	不涉及使用繁分數，遇到兩分數之比時，以分數相除處理之	n-IV-4 n-IV-9
	統計圖表：蒐集生活中常見的數據資料，整理並繪製成含有原始資料或百分率的統計圖表：直方圖、長條圖、圓形圖、折線圖、列聯表。遇到複雜數據時可使用計算機輔助，教師可使用電腦應用軟體演示教授		d-IV-1 n-IV-9
	統計數據：用平均數、中位數與眾數描述一組資料的特性；使用計算機的「M+」或「Σ」鍵計算平均數		n-IV-9 d-IV-1
八年級	二次方根的近似值：二次方根的近似值；二次方根的整數部分；十分逼近法。使用計算機√‾鍵	二次方根的整數部分，可用幾何、十分逼近法、計算機求近似值	n-IV-6 n-IV-9
	一元二次方程式的解法與應用：利用因式分解、配方法、公式解一元二次方程式；應用問題；使用計算機計算一元二次方程式根的近似值		a-IV-6
	統計資料處理：累積次數、相對次數、累積相對次數折線圖		n-IV-9 d-IV-1

九年級	連比：連比的記錄；連比推理；連比例式；及其基本運算與相關應用問題；涉及複雜數值時使用計算機協助計算		n-IV-4 n-IV-9
	相似直角三角形邊長比值的不變性：直角三角形中某一銳角的角度決定邊長比值，該比值為不變量，不因相似直角三角形的大小而改變；三內角為30°,60°,90° 其邊長比記錄為「1::2」；三內角為45°,45°,90° 其邊長比記錄為「1:1:」	學生無使用計算機時，角度限於30度、45度、60度	s-IV-10 s-IV-12 n-IV-9
	統計數據的分布：全距；四分位距；盒狀圖	D-7-2處理單一統計量（平均數、中位數、眾數）表達數據，本條目則傳達以盒狀圖描述數據的集中程度	n-IV-9 d-IV-1
	古典機率：具有對稱性的情境下（銅板、骰子、撲克牌、抽球等）之機率；不具對稱性的物體（圖釘、圓錐、筊杯）之機率探究		n-IV-9 d-IV-2

作者自行整理

）和玩（play）都是重要且激勵的方法，而信息、通信與技術（ICT）、計算機（calculator）之運用也包括於數學教學中……

以第二篇數學課堂「比例尺」教學為例。當學生進行「兩位數乘兩位數或三位數乘兩位數」筆算時，師生並不使用計算機。對此，班級老師指出：

> （關於這個單元）他們的算術能力還要再被提高……所以暫時不需要使用計算機……（訪麥克，201809）

是以，是否使用計算機之判斷規準，有很大一部分本來自於教師的專業判斷，「重視計算工具的有效運用」誠然最為關鍵。

回想在個案學校，凡小學三年級以上教室和一般數學專科教室均附「掌上型計算機」，小學生所用的以具有簡易加減乘除功能鍵為主的計算機，七至九年級學生所用則以工程用計算機為主，這些計算機均無償提供給學生使用，多直接置於教室前方明顯處，惟使用前必須先徵求教師同意。此外，由於行動載具越發普及，師生也常直接以手機內的計算機功能為替代。

整體來說，芬蘭課綱與本土一〇八數學領綱均強調「計算機」作為數學學習工具之一，實因它有機會被用來提升對數學知能的理解，促成探究、觀察實驗、歸納臆測、合作討論等教學方法之設計與執行。然而，根據一〇八數學領綱，計算機作為數學學習輔具是從國一（七年級）開始，而芬蘭強調學生對計算機的認識與運用則是從國小三年級起便已啟動，再者，芬蘭課室免費提供學生學習所需物品，例如：直尺、量角器、圓規，以及計算機等，而本土課綱則提示這些器具可由學生自行購買以保有並長期使用，這也是顯著不同之處。

芬蘭科學課室與一〇八課綱的遭逢

根據我國《十二年國民基本教育課程綱要國民中小學暨普通型高級中等學校-自然領域》，此領域課程總目標在培養學生具備「科學的核心概念、探究能力及科學態度，並且能初步了解科學本質」，所揭示的課程目標有五，分別為（教育部，2014：頁1-2）：

一、**啟發科學探究的熱忱與潛能**：使學生能對自然科學具備好奇心與想像力，發揮理性思維，開展生命潛能。

二、**建構科學素養**：使學生具備基本的科學知識、探究與實作能力及科學態度，能於實際生活中有效溝通、參與公民社會議題的決策與問題解決，且對媒體所報導的科學相關 內容能理解並反思，培養求真求實的精神。

三、**奠定持續學習科學與運用科技的基礎**：養成學生對科學正向的態度、學習科學的興趣，以及運用科技學習與解決問題的習慣，為適應科技時代之生活奠定良好基礎。

四、**培養社會關懷和守護自然之價值觀與行動力**：使學生欣賞且珍惜大自然之美，更深化為愛護自然、珍愛生命及惜取資源的關懷心與行動力，進而致力於建構理性社會與永續環境。

五、**為生涯發展做準備**：使學生不論出於興趣、生活或工作所需，都能更進一步努力增進科學知能，且經由此階段的學習，為下一階段的生涯發展做好準備。

課綱指出，科學學習的方法，應從激發學生對科學的好奇心與主動學習的意願為起點，引導其從既有經驗出發，進行主動探索、實驗操作與多元學習，使學生能具備科學核心知識、探究實作與科學論證溝通能力。此外，各學習階段應重視並貫徹「探究與實作」的精神與方法，提供學生統整的學習經驗，並強調跨領域／科目間的整合，以綜合理解運用自然科學領域七項跨科概念（物質與能量、構造與功能、系統與尺度、改變與穩定、交互作用、科學與生活、資源與永續性）（頁1）。

在時間分配與科目組合方面，國小的自然科學以領域整合方式架構課程，銜接第一學習階段生活課程，第二、三學習階段自然科學領域學習節數為每週3節；國中的自然科學領域學習節數亦為每週3節，科目包括：生物、理化、地球科學，且每學期至少包含一個跨科單元、實施跨科主題整合的探究與實作學習。

再看芬蘭。環境研究於一－六年級教授，七－九年級則進行分科教學。課綱強調，一－六年級的環境研究課以「尊重自然和尊重人權的尊嚴生活」為教學基本原則，例如：在生物學中，至關重要的是要能了解和理解自然環境、人類，生命及其發展以及在地球上生存的前提；在地理學中，探索學生的周遭環境、了解地球不同區域及其發生的現象和生活其中的人們；在物理學中，透過研究來獲致理解和解釋自然基本結構和現象的信息；在化學中，觀察環境中不同物質並檢視、描述和解釋其性質、結構以及其中發生的變化；在健康教育中，學習了解環境和人類活動中促使和保護健康的因素，並促進發展支持健康、福祉，以及安全的能力。據此可知，環境研究具多學科（multidisciplinary）性質引導學生學習在不同情況下獲取、處理、產生、呈現、評估，以及理解信息的能力；到了七年級，則進行更嚴謹的分科學習，科目包括：生物學、地理學、物理學、化學，以及健康教育，也就是一－六年級所學學習內容之加深、探討議題再廣。

事實上，兩地課綱都相當強調「探究與實作」的精神與方法。以本土為例，自然科學探究與實作的學習重點分為「探究學習內容」和「實作學習內容」兩種，前者著重於科學探究歷程，可歸納為四個主要項目，如：發現問題、規劃與研究、論證與建模、表達與分享；後者為可實際進行操作的科學活動，如：觀察、測量、資料蒐集與分析、歸納與解釋、論證與作結論等。隨著近年來教育思潮演進，這一類強調“To do, to understand”、動手做、創客（Maker）或STEAM課程，均是培養學生手腦並用、展現思考智能與問題解決能力之核心價值的體現，其成果也正在累積中。

然而，自然科學探究與實作課程在於提供學生統整學習經驗，強調跨學科之間的整合，期能學理與實踐互用，惟不可否認地，課程統整的多學科（或科技整合或超學科）取向性質會加重單一學科教師慎思課程設計之承擔等，是以，科學領域教師進行合作對話、透過共同備課和社群研習分享交流，是必須也是最務實的做法。誠如本文提到的R師，他在科學和數學領域的課程與教學設計，通常也都是與同年級教師共同合作而完成。

此外，本書第二篇在環境研究課堂介紹了師生進行有關光的實驗，然而，不僅是R師，個案學校的科學領域教師都很重視讓學生「動手做」歷程以獲取對知識的理解。惟這裡也要提醒是，實驗／實作課程並不必然具備探究本質，若僅是遵從口令或標準流程，或僅是吸引目光的表層實驗，則不再其內，換言之，這一類的課程仍需要專業學科教師進行有意義的提問設計，以幫助學生進入探究問題本質情境。是以，探究活動也不見得一定牽涉實驗，凡具有信度效度的數據、資訊形成問題也可以是探究活動的可能樣態。

在當今世界各地都越來越重視科學探究、研究精神時，「認識什麼是研究」和「理解如何做一個有品質的基礎研究」應也是全體國人應面對的重要課題。

芬蘭藝術課室與一〇八課綱的遭逢

根據我國《十二年國民基本教育課程綱要國民中小學暨普通型高級中等學校——藝術領域》，此領域課程總目標在培養學生具備「藝術涵養與美感素養，以及面對未來、開展不同生涯所需終身學習的素養」，所揭示的課程目標有五，分別為（教育部，2014：頁1）：

一、增進對藝術領域及科目的相關知識與技能之覺察、探究、理解，以及表達的能力。

二、發展善用多元媒介與形式，從事藝術與生活創作和展現的素養，以傳達思想與情感。

三、提升對藝術與文化的審美感知、理解、分析，以及判斷的能力，以增進美善生活。

四、培養主動參加藝術與文化活動的興趣和習慣，體會生命與藝術文化的關係與價值。

五、傳承文化與創新藝術，增進人與自己、他人、環境之多元、同理關懷與永續發展。

一〇八課綱指出，藝術領域課程不但能啟迪學生的藝術潛能和興趣，同時可進一步建立人與自己、人與他人、人與環境之尊重多元、同理關懷、公平正義與永續發展的和諧共生關係，傳承文化與創新藝術（頁1）。在此理念下，國中小學藝術領域學習內容包括：音樂、視覺藝術、表演藝術三科，三科每周共3節課，小學以領域教學為原則，國中除實施領域教學外，亦得實施分科教學，另各科目可於不同年級或學期彈性開設，亦可連排，惟領域各科目學習總節數應予維持。

新課綱的藝術領域有何特色？強調跨領域學習、兼顧縱向與橫向的課程發展顯然是亮點之一。例如：在課程發展的銜接連貫上，鼓勵學生連結過去、現在及未來的藝術學習經驗（縱向），同時也鼓勵師生共構學校本位藝術課程、橫向連結其他領域／科目，甚至擴及至社區和發展在地特色課程（橫向）等。此外，誠如前文在科學課堂曾提及的STEAM課程，它由原本「STEM」加入藝術「Art」元素，即點析出了在以科技導向為出發點，將各種最新科技與技術加諸在產品上時，也不能忽略對人文的關懷、對人們真實感受與需求的體察。

再看芬蘭。在芬蘭學校，藝術（視覺藝術、音樂）與技能（手工藝、體育、家庭經濟）一直扮演相當重要的角色，實因這些科目被視為可用來幫助學童改善在文化溝通方面的讀寫，也能幫助個人以社會成員身分來了解芬蘭的傳統與文化（Garber, 2002）。此外，就藝術教育的觀點，芬蘭憲法保障了如表意權和藝術自由，這讓參與藝術的年輕人更能因為投入藝術創作、獲得經驗值與價值觀，進而促使其具有較好的溝通能力（Niemi, Toom, & Kallioniemi, 2012）。

在此前提之下，便不難想像芬蘭基礎教育中便設置有這一類的選修課程，提供各種不同本質的藝術與技能選擇。例如：視覺藝術、音樂、家政，以及手工藝在七年級作為必修課（視覺藝術一周2節課、音樂一周2節課），到了八、九年級時改為內容加深加廣的選修課，此時，學生可依個人興趣或專長進行選擇，並在其中獲得更專門知識技能（本土則是增訂普通型高中加深加廣選修課程）。

整體來說，基於文化平等的選擇，本土與芬蘭學生都享有藝術教育的權利，以為「藝術」源於生活、應用於生活、是人類文化的累積，也是陶冶美感素養及實施全人教育的重要途徑，均重視透過藝術來了解自我和他人，藝術對全人發展和幸福至關重要。較特別的是，在芬蘭，藝術被視為重要學科，作為最受學生歡迎學科之一，學生或基於興趣或專長，多願意主動探究藝術知能，不過，這裡意圖凸顯的重點在於思索我們設置藝術教育的目的究竟為何。誠如ACESE（2009）所指，一旦藝術課程在各年級都能以「主流」姿態教學，且教學時數也充足的話，其極有可能協助學校形成具創造力的學習環境。

芬蘭語文課室與一〇八課綱的遭逢

根據我國《十二年國民基本教育課程綱要國民中小學暨普通型高級中等學校－語文領域》，其基本理念在於「培養學生語言溝通與理性思辨的知能，奠定適性發展與終身學習的基礎，幫助學生了解並探究不同的文化與價值觀，促進族群互動與相互理解」，所揭示的語文類別包括：國語文、本土語文（閩南語文／客家語文／原住民族語文）、新住民語文、英語文，以及第二外國語文課，每一類別各有不同課程目標，茲整理如表1：

	本土語文（原住民族語文）	新住民語文	英語文	第二外國語文
	一、啟發學習原住民族語文的興趣。 二、習得原住民族語文理解、表達、溝通的能力。 三、強化原住民族語文涵養與族群認同。 四、傳承原住民族智慧及文化創新之素養。 五、培養多語言知能與多文化視野	一、啟發學習新住民語言與文化的興趣。二、增進對新住民及其文化的認識、理解、尊重與欣賞。三、培養新住民語言基本聽、說、讀、寫能力，並能應用於日常生活溝通。 四、拓展國際視野，能運用多重的文化視角進行思維與判斷。五、培養跨文化溝通與跨國行動能力與素養	一、培養英語文聽、說、讀、寫的能力，應用於日常生活溝通。 二、提升學習英語文的興趣並涵育積極的學習態度，主動涉獵各領域知識。三、建構有效的英語文學習方法，強化自學能力，奠定終身學習之基礎。 四、尊重與悅納多元文化，培養國際視野與全球永續發展的世界觀。五、培養以英語文進行邏輯思考、分析、整合與創新的能力	一培養學習第二外國語文的性慾與態度。二、培養以第二外國語文進行日常生活溝通的基本能力。三、增進對國際事務及第二外國語文國家民俗、文化、社會的了解，培養兼容並蓄的世界 觀，進而反思本國文化。 四、建立日後國際行動力之基礎，提供多元交流機會，善用國內的外國文化資源，提升理解不同國家的文化素養

表1　十二年國教語文領域各語言課程目標

	國語文	本土語文（閩南語文）	本土語文（客家語文）	
課程目標	一、學習國語文知識，運用恰當文字語彙，抒發情感，表達意見。 二、結合國語文與科技資訊，進行跨領域探索，發展自學能力，奠定終身學習的基礎。 三、運用國語文分享經驗、溝通意見，建立良好人際關係，有效處理人生課題。 四、閱讀各類文本，提升理解和思辨的能力，激發創作潛能。 五、欣賞與評析文本，加強審美與感知的素養。 六、經由閱讀，印證現實生活，學習觀察社會，理解並尊重多元文化，增進族群互動。 七、透過國語文學習，認識個人與社群的關係，體會文化傳承與生命意義的開展。 八、藉由國語文學習，關切本土與全球議題，拓展國際視野，培養參與公共事務的熱情與能力	一啟發學習閩南語文的興趣，培養探索、熱愛及主動學習閩南語文的態度與習慣。 二、培養閩南語文聆聽、說話、閱讀、寫作的能力，使其能靈活運用於思考、表情達意、解決問題、欣賞和創作之中。 三、透過閩南語文學習生活知能擴充生活經驗，運用所學於生涯發展，進而關懷在地多元 文化。 四、透過閩南語文與人互動、關懷別人、尊重各族群語言和文化，以建立彼此互信、合作、共好的精神。 五、透過閩南語文進行多元文化思考，以增進國際視野	一、培養學習客家語文的興趣，認識客家歷史與文化。 二、具備客家語文聆聽、說話、閱讀、寫作的能力。 三、增進在日常生活中使用客家語文思考和解決問題的能力。 四、養成在多元族群中彼此互信的態度與合作的精神。 五、透過學習客家語文，認識世界上不同族群的文化，以擴大國際視野	

作者整理自《十二年國民基本教育課程綱要國民中小學暨普通型高級中等學校-語文領域》

在一〇八課綱語文領域，較引起關注與討論議題之一便是「新住民語列入選修」，即每一位小學生都能選修新住民語。課綱指出，基於尊重人權、多元文化及增進族群關係和諧之故，學校可評估學區新住民學生人數、聘請合格師資，並開設新住民語文課程。

事實上，在國小階段，每位學生可以依據實際需求，選擇閩南語文、客家語文、原住民族語文或新住民語文等其中一項，每周進行一節課的學習；在國中階段，學校在調查學生的修習意願後，須於彈性學習課程中開設本土語文／新住民語文選修課程或社團；在高中階段，則納入第二外國語文課程選修。為強化本土語文課程的教育成效，「鼓勵教師在各領域教學時，使用雙語或多語言；並在學校生活中，也鼓勵師生養成使用雙語或多語的習慣」[1]（教育部十二年國教課綱研修Q&A，2018），即強調了素養導向的語文教育教學，強調應儘量安排真實的語文運用情境，同時也能兼顧文化的影響。

再看芬蘭。自從一九七〇年代開始，芬蘭實施九年至綜合型基礎學校系統，學習外語的權利與義務在求學階段便一直與學童學習相關。這主要是基於一九七〇年代起的數十年裡，語言嫻熟度、溝通能力、跨文化溝通能力、多語能力和多元文化主義成為整個歐洲共同關心的議題，為兼顧國際化和全球化，芬蘭除了大幅修正對語言精熟的概念和語言教育的目標外，也將學習語言視為個人終其一生的能力與成就，故在各學習階段便加以推廣與實施（CEFR, 2001）。

目前，學習外語在芬蘭教育系統內的每一階段都是必要的，如第二篇語文課室所提，學習外語最晚三年級時起步，而最常開設的是英語科，但學生仍可選擇其他語文科目學習。不過，根據訪談與觀察，當前真實的狀況可能是——並非所有區域學校都有機會開設多種的語言課程——這乃是基於現實面因素。

例如，多語教師的師資從何而來？設備如何到位？資源如何分配？「非所有學校都能提供多元的語言選修課程和第一外語課程」成為當前語文政策下令人憂心的話題。而此，恐怕也是本土一〇八課綱多語或雙語政策推動下的相同關懷，恐形成「未來教育的危機」？

譯注：

1 有關一〇八課綱研修Q&A其他相關，有興趣者可進一步參閱推動十二年國民基本教育課程綱要普通型高級中等學校——研究小組增能工作坊網站http://high.ylsh.chc.edu.tw/files/11-1002-652.php?Lang=zh-tw

整體來說，如同本書第二篇提到的三種語言課堂風景，事實上，不難看出不僅在芬蘭，許多國家的外語教學可能都正面臨典範轉移的過程，即逐漸轉型成能整合實務、社會文化，以及環境理論的語文教學（Kuhonen, 2009）。易言之，語言教育強調有意義的學習，它奠基於個人經驗，進而推進於社會互動中，語言絕不僅只是語言技巧的教練而已，在認知層面上，它有其更包容的需求，從此觀點反思，或有機會去思考為何要接觸母語以外的語言、為何學習不僅一種語言，誠如芬蘭課綱、本土一〇八課綱（如表1）羅列有多種語言學習架構與內容，究其看似相異的課程目標，但均不脫對個人生命意義、理解並尊重多元文化、關懷當代環境，開展國際視野等範疇，是以，語文教育之目的更深層的內涵本在幫助人我了解彼此、探究不同文化與其價值觀，進而促進族群互動與相互理解，

我以為，這亦是書寫本書的重要目的之一。

芬蘭體育課室與一〇八課綱的遭逢

根據我國《十二年國民基本教育課程綱要國民中小學暨普通型高級中等學校-健康與體育領域》，此領域課程總目標在培養學生具備「健康生活與終身運動知識、能力與

態度的健全國民」，所揭示的課程目標有九，分別為（教育部，2014：頁1-2）：

一、培養具備健康生活與體育運動的知識、態度與技能，增進健康與體育的素養。
二、養成規律運動與健康生活的習慣。
三、培養健康與體育問題解決及規劃執行的能力。
四、培養獨立生活的自我照護能力。
五、培養思辨與善用健康生活與體育運動的相關資訊、產品和服務的素養。
六、建構運動與健康的美學欣賞能力及職涯準備所需之素養，豐富休閒生活品質與全人健康。
七、培養關懷生活、社會與環境的道德意識和公民責任感，營造健康與運動社區。
八、培養良好人際關係與團隊合作精神。
九、發展健康與體育相關之文化素養與國際觀。

關於課程目標第一項「培養具備健康生活與體育運動的知識、態度與技能，增進健康與體育的素養」，凸顯了體育課程的重要核心——不僅是做為一門「身體活動」

課，也包括對健康生活和運動知識的學習，以促進健體之整全素養。事實上，有關健康與體育領域素養的培養，本土因應學生身心發展成熟度，採三個教育階段「漸進式」層次安排：在國民小學教育階段，透過適當的身體活動以促進運動益處之感知及身體成長；國民中學教育階段是學生身心、自我概念與人際面臨轉變階段，需提升各面向的相關素養；普通型高級中等學校教育階段著重提供學生學習銜接、身心發展、生涯準備與定向所需具備之素養，透過邏輯的思考與規劃，以構築各面向均衡發展的健康新國民（教育部，2014）。除此之外，課綱也提及，性別平等、人權、環境，以及海洋教育等相關議題，亦融入健康與體育領域各教育階段的學習重點中。

再看芬蘭。芬蘭的體育課程擁有悠久歷史，它從過去的 military-aiding minority 轉變為當今領先全球、強調整體學生福祉的科目（Salin, K., & Huhtiniemi, M., 2018）。是以，當世界各國討論芬蘭教育時，一定不會忘記提及芬蘭學生在「玩／遊戲」或「體育」方面的學習或表現，甚至直指了它們在芬蘭教育系統中扮演關鍵性角色，是學生有較佳學習表現的幕後功臣。

然而，相較於前一課綱，芬蘭新課綱在體育學科的改革上仍作了幅度調整。主要特色之一便是減低對特定運動內容的過度強調，改以提升學生的基礎運動技能為主，不同的體育活動則被當作實現教學目標的工具，如本書第二篇體育課堂所提到的「Move!」便是在如是理念下被規畫出來（Salin & Huhtiniemi, 2018）。

然而，為何新課綱會有此強調？體育老師H接受訪談時提到，這有一部分原因乃歸因於近年來學生受3C產品影響，即學生過於沉迷電玩而不起身運動，至於另一原因則在於學校體育課程的安排似乎也不夠到位，這都讓學生的學習表現亦不如過去幾年等。

對此，適逢本土近來由中興大學、臺灣體育運動大學合作，分析臺灣近八年來教育部、衛福部相關報告。研究結果指出，國內兒童與青少年的總體身體活動量為「不及格等級」，且從民國八六年到一〇二年止，全國體適能均逐漸下降，學童靜態行為過多，主要是經常使用手機和電腦（喻文玟，二〇一九年六月十一日）[2]。若以此對照芬蘭當前學童運動量下滑事實，再參考二〇一八年兒童健康聯盟（Active Healthy Kids Global Alliance）針對全球四十九個國家進行體能分析顯示[3]，恐都凸顯了科技的進步正

譯注：

2 相關報導全文可參 https://udn.com/news/story/11322/3866166。

3 相關網站和全文可參 https://www.activehealthykids.org/global-matrix/。

對新世代學童的運動行為產生質變。

整體來說，誠如許多「習慣」一樣，體育活動（Physical activity）和久坐行為（sedentary behavior）也形成於童年和青春期（Telama et al, 2005）。在科技發達的今日，如何促使孩子「Move!」也成為各國教育改革的重要課題。在本土，相較於前一課綱，一〇八課綱將低年級健體學習節數每週增加1節；在芬蘭，七年級學生則由每周兩節體育課增加為每周四節。據此，不僅彰顯兩國對於促進學生體能有相同期待，但更重要的也在於量上的增加也能同時裨益於質上的提升，且讓拭目以待！

芬蘭社會課室與一〇八課綱的遭逢

根據我國《十二年國民基本教育課程綱要國民中小學暨普通型高級中等學校——社會領域》，此領域課程旨在培育學生「面對未來、開展不同生涯所需的公民素養」，所揭示的課程目標有六，分別為（教育部，2014：頁1）：

一、發展個人的主體意識，以及自律自治、自發精進與自我實現的素養。

二、提升獨立思考、價值判斷、理性決定與創新應變的素養。

三、發展民主社會所需之溝通互動、團隊合作、問題解決及社會參與等公民實踐的素養。

四、增進對歷史、地理、公民與社會學科及領域知識的探究與理解能力。

五、發展跨學科的分析、思辨、統整、評估與批判的能力。

六、培養對於族群、社會、地方、國家和世界等多重公民身分的敏察覺知，並涵育具有肯認多元、重視人權和關懷全球永續的責任意識

關於一〇八課綱社會領域，事實上，其基本理念、核心素養、學習重點、實施要點等，都與芬蘭2016課綱精神相似。例如，強調以學生為學習主體、考量學生不同背景和生活經驗（包括文化、族群、城鄉、性別及身心特質等）、顧及不同地區／族群及學校類型特色提供因地制宜彈性、透過多重策略達成領域內的縱向連貫與橫向整合等，這些在本書第二篇有相當提及，能略知一二。

然而，此處要特別提出的是——在本土，宗教教育一直是懸缺課程。

在臺灣，宗教常被視為「神祕」、「灌輸」等同義詞，據此脈絡而下的課程決定，宗教並不作為公立學校的學科之一。然從芬蘭強制設置與實行的宗教／倫理之教育目

標或也能洞悉——若出於個人普遍具有的宗教依附／體驗／情感／情懷等面向，學校實施宗教教育的目的本不在於「一面倒向」於專為某些特定宗教教義或內容的傳輸而構立，也可以是為培養批判思考能力、從不同角度反省各種宗教與非宗教的世界觀而設置。是以，或許我們可以進一步追問的是：宗教課程，是否是本土值得投入與經營的一門學教？

再思芬蘭的宗教教育。未被過於狹義定義的宗教課程未被「排除」於學校教育之外，相較於其他理論學科，宗教教育在目標和內容上顯然更具包容性，強調師生可運用不同形式或方式促使人們對生命現象有所覺察、賦予概念，這讓來自不同家庭背景與宗教信仰的師生能透過宗教教育相互認識與理解彼此，避免誤解而擴大鴻溝。

事實上，在參與芬蘭社會課堂這一年，在每一節的歷史和宗教課程，我也一直向這些抱持有不同政治立場、不同宗教別、不同觀點的師生學習，我學習如何從自己的觀點、別人的觀點，以及他國的文化脈絡去覺察與反省本土的政治、社會、宗教、文化等。我思考到，或許世界各地對於人性的終極關懷並無不同，或許教育本無「那麼」攸關於誰的文化或誰的語言為隔閡，有的就是對人性的共同尊重與包容，以及對人生善美的共同守護與期待。

無疑地，在人類歷史或個人生命中，許多社會活動如政治或宗教等，常涉及個人的情意、信念、態度或行為，然而，此卻不一定要被劃分為「避之惟恐不及」範疇，事實上，當我們正面看待它、處理它，其結果不必然都指向為負向結果。換言之，當確認宗教教育在做為一門教育本質的利己利他課程後，透過正向的教學目標與教學指引，不僅有機會提昇與豐富個人精神層次，也能一併孕育整個社會文化的內涵。

是以，當下我們可以思考的或許不一定是臺灣學校教育中宗教課程之「全有」或「全無」的問題，而是對宗教／宗教教育之本質與角色等有更深入的再探或再省。

後記：我的博士論文能帶來什麼樣的貢獻？

「為何又是去／來芬蘭？……」

「你應該關心臺灣教育……」

「是的，因為關心臺灣本土教育，我才有勇氣走出去。」

「我是一名基層教師，我思考我的專業性應有能力與勇氣讓自己走出去，並學習從教師觀點進行研究，那能改善我和學生的課室生活，也讓大家更了解課室樣態……」

「大家都談芬蘭教育，但我看不到課室生活，我想親見耳聞那些被媒體或研究者標榜的美好圖像，而我不想只是想……」

「或許，我也不想自捆於將那些美好圖像而直接歸因於東西文化差異便裹足不前了，若說未來教育充滿無限可能，為何要輕易地枷鎖於文化差異上，然後又過著我們都覺得可以再更好的生活？」

「我們需要學習的是價值判斷的能力，在諸多視野中找到重要、可貴的議題，有能力與他／它者與自己對話，形成批判精神與促進反省力，或許，最後還能反省自己的文化，並以實際行動將那些重要價值實踐出來……」

自芬返國後，我斗膽地以素人之姿、如步行僧侶般自願到本土各處如中小學、大學，以及其他社群團體分享這些第一手資料與反省自己的研究，從原訂十場一路增加到超過四十場，只要國人願意聆聽或交流，我都樂意參與。

事實上，這也是我試圖以實際行動將那些重要價值實踐出來的「實作」，例如：以「芬蘭課室師生教學真實運作」為討論素材，透過與國人面對面一同認識或辨認出本土當前教育的優勢或機會，同時也能一併思考未來教育的可能圖騰；讓學術論文不會僅是束之高閣的文本而已，它能流動於日常的人我對話裡，小則一句話觸動人心，大則可能幫助了誰改善了他的生活或生命（我也不斷受惠於許多研究與理論）。

一般來說，畢業論文多被鼓勵透過改寫後投遞期刊發表，以讓相關研究觸及更多人、對領域做出貢獻，這確實是重要的，實因我也常受惠於這些嚴謹卻也相當實用的學術論文。然而，這一次我也做了另一「實作」，我在我的博士論文中寫道：

Giroux多次為文（1988,1991a,1994a, 1994b, 1997, 2000）建議教師應「以融入群眾的知識分子」（public intellectuals）自居，研究者學習以此為教育專業重新定調，尤其近四、五十年來，各種以卓越與均等為主要訴求的教育改革呼籲不斷，正是檢視與反思長期在技術理性的現代觀課程論引導下學校教育是否正流失作為公共教育目的性之最適時機。Giroux以為，作為融入群眾的知識分子，教師必須能夠在教室和其他教育場所發揮勇氣、運用其批判分析的智慧、擴大其道德的視野、投入其時間、奉獻其心力，以便讓學校能夠重回公共性。對此，研究者雖知挑戰甚鉅，但仍自我勉勵「做重要且有價值的事」並直接以行動參與……（陳玟樺，2019:112）

基於Giroux的勉勵，這一次，我又斗膽地嘗試將論文一併改寫成一般讀者可以一同閱聽的讀本，我誠摯地邀請大家在閱讀時把握住你在書中所看到的芬蘭教育Sisu精神——記住，是「芬蘭師生行動背後的精神」，不要複製它（what），而要抓住它（why & how）！

換言之，這本書的撰寫與過去一年來四十幾場自願分享的目的「不在於鼓勵追求複製／貼上，而在於提供反思實踐的素材」。

即使是文化，我們也能反省！

親子館叢書 A5050

我在芬蘭中小學做研究的日子

作者｜陳玟樺
副總編輯｜陳莉苓
封面設計｜黃淑雅
行銷｜陳苑如

發行人｜王榮文
出版發行｜遠流出版事業股份有限公司
104005 臺北市中山北路一段 11 號 13 樓
郵撥｜ 0189456-1
電話｜ 2571-0297　傳真｜ 2571-0197
著作權顧問｜蕭雄淋律師

2020 年 3 月 1 日 初版一刷
2021 年 8 月 16 日 初版四刷
售價新台幣 350 元（缺頁或破損的書，請寄回更換）

ISBN ｜ 978-957-32-8724-7（平裝）

YLib.com 遠流博識網
http://www.ylib.com　E-mail ylib@ylib.com

國家圖書館出版品預行編目

我在芬蘭中小學做研究的日子 / 陳玟樺著 ..
初版 . -- 臺北市：遠流，2020.3　面；　公分 . --（親子館；A5050）

ISBN 978-957-32-8724-7（平裝）

1. 中小學教育 2. 比較教育 3. 芬蘭

524.9476　　109000935

我在芬蘭中小學
做研究的日子